청소년 우울증에서 완벽하게 벗어나는 법

중2병이 아니라 우울증입니다

청소년 우울증에서 완벽하게 벗어나는 법
중2병이 아니라 우울증입니다

초판 1쇄 펴냄 2020년 5월 30일
　　 7쇄 펴냄 2023년 5월 19일

지은이 제이컵 타워리
옮긴이 최설희

펴낸이 고영은 박미숙
펴낸곳 뜨인돌출판(주) | 출판등록 1994.10.11.(제406-251002011000185호)
주소 10881 경기도 파주시 회동길 337-9
홈페이지 www.ddstone.com | 블로그 blog.naver.com/ddstone1994
페이스북 www.facebook.com/ddstone1994 | 인스타그램 @ddstone_books
대표전화 02-337-5252 | 팩스 031-947-5868

ISBN 978-89-5807-759-6 03180

중2병이
아니라

청소년
우울증에서
완벽하게
벗어나는 법

우울증
입니다

제이컵 타워리 지음 | 최설희 옮김

뜨인돌

목차

사실 이 책은 세상에 나오지 못할 뻔했습니다. 처음 이 책을 써야겠다고 마음먹고 나서 일주일간은 좀 들떠 있었어요. 그리고 6개월 동안 정말 아무것도 쓰지 않았습니다. 책을 쓴다는 생각에 잠깐 흥분했다가 아무 계획도 세우지 않고 실행도 없이 그 상태로 그냥 내버려 둔 거죠.

이 책을 써야겠다고 마음먹은 결정적인 이유는 제 고향인 팔로알토에 자살이 유행처럼 번지고 있었기 때문입니다. 2015년 상반기에만 청소년 다섯 명이 기찻길에 몸을 던져 자살했습니다. 이 유행 아닌 유행은 사실 그 전부터 시작되었습니다. 2009년 5월부터 2010년 1월 사이 건하이고등학교에 다니던 다섯 명의 학생이 자살로 생을 마감했습니다. 당시 저는 스탠포드대학교 소아정신과에서 일하고 있었는데, 자살이 휩쓸고 간 건하이고등학교의 학생들을 상담하는 일을 맡게 되었습니다. 상담을 진행하는 중에도 안타까운 소식은 계속 들려왔습니다. 2009년부터 2011년 사이 산타클라라카운티에서는 26명의 청소년과 20~24세 사이의 젊은이 35명이 자살로 목숨을 잃었습니다.

청소년 정신과 의사로서, 청소년들이 잇달아 자살을 했다는 소식을 들을 때마다 무력감을 느꼈습니다. 저는 청소년과 젊은이들을 만나는 걸 좋아합니다. 그 친구들의 이야기를 듣고 마음의 문제들을 치료하는 것은 매우 의미 있는 일입니다. 하지만 전통적인 일대일 치료 방식으로는 동시에 많은 사람을 치료할 수 없습니다. 자녀의 치료를 바라는 부모들의 절박한 전화를 받는 것, 시간이 충분하지 않아 더 많은 환자를 볼 수 없는 것, 치료가 시급한 환자들이 너무나 많다는 사실들 때문에 괴로운 날들을 보냈습니다.

여러 고민을 하던 중에 우울증 치료에 관한 책이 있으면 좋겠다는 생각이 들었습니다. 그래서 책을 찾아봤는데 성인의 우울증 치료를 돕는 책은 많더군요. 어린 아이들을 위한 좋은 지침서들도 있고요. 하지만 우울증을 겪고 있는 청소년들을 위한 책은 발견하지 못했습니다.

그래서 제가 직접 책을 쓰기로 결심했습니다. 실용적이고, 읽기 쉽고, 너무 길지 않은(제가 워낙 말이 많아서 이 부분은 정말 힘들었습니다만) 그런 책을 쓰고 싶었습니다. 이론의 비중은 낮추고 실제적인 솔루션을 많이 담아 몇 주 안에 효과를 보게 하고 싶었습니다. 책의 내용이 너무 어렵지 않고 독자들이 지침을 정확히 따라 할 수 있을 만큼 구체적인 내용을 담고 싶었고요. 우울증의 상태가 어느 정도이든지 누구에게나 도움이 되는, 거기에 한 가지 더 욕심을 부린다면 무겁지 않고 유쾌한 책이 필요하다고 생각했습니다. 그리고 특별히 청소년들에게 초점을 맞추고 싶었습니다.

자신들의 이야기를 이 책에 쓸 수 있도록 허락해 준 청소년 친구들에게 깊은 감사를 드립니다. 이름과 성별, 취미, 종교, 그 밖의 세세한 사항들은 개인정보를 보호하기 위해 수정했습니다.

혹시 우울증으로 힘든 시간을 보낸 적이 있나요? 아무것도 할 수 없고 아무것도 달라지지 않을 거라는 느낌이 드는 순간들이 있었을지도 모르겠어요. 저는 여러분이 이 책을 처음부터 끝까지 읽고, 여기서 말하는 대로 차근차근 따라 하다 보면 어느새 우울증이 사라질 거라고 확신합니다. 단 한 명이라도 이 책을 읽고 우울증을 극복하고 삶의 의욕을 되찾을 수 있다면 이 책은 저에게 이루 말할 수 없는 가치를 지니게 될 거예요. 그런 기회가 주어졌다는 것에 감사를 드립니다.

제이컵 타워리

이 책은 아마 여러분이 전에 읽어 봤던 책들과는 조금 다를 겁니다. 재밌게 읽을 수도 있겠지만 재미를 목적으로 쓰인 책은 아닙니다. 이 책은 한가한 오후 수영장 옆에서 읽기에 좋은 소설도 아니고 잠자리에 들기 전에 가볍게 읽을 만한 책도 아닙니다.

이 책의 목표는 분명해요. 여러분의 '삶을 바꾸는 것'입니다. 제 말을 진지하게 받아들여 주면 좋겠어요. 혹시 이 책을 대충 훑어보거나 자신에게 필요해 보이는 장만 골라서 읽거나 소극적인 자세로 읽으려고 했다면 지금 당장 덮는 게 나을 거예요. 그런 식으로 읽으면 소중한 시간만 낭비하고 아무것도 얻을 수 없을 테니까요.

우울증으로 힘들었던 적이 있는, 그리고 지금 도움이 절실한 청소년(혹은 그런 자녀를 둔 부모님)이 이 책을 읽었으면 좋겠습니다. 하지만 책을 제대로 활용하지 않으면 아무것도 얻지 못할 거예요. 책을 대충 훑어 넘기고, 책에서 하는 말을 무시하고, 삶에서 아무것도 바꾸지 않는다면 책을 다 읽고 난 뒤에도 결국 지금과 똑같은 우울한 상태일 거예요. 그러면 이 책이 쓰레기처럼 느껴지겠죠. 제발 그러지 말아 주세요.

저는 여러분이 이 책을 읽어 나가는 동안 세 가지 원칙을 마음에 새겼으면 좋겠어요. 그러면 이 책에서 많은 것을 얻을 수 있고, 여러분의 시간과 에너지를 가치 있게 쓸 수 있게 될 거예요. 이 책은 여러분이 적극적으로 활용할 때만 도움이 된다는 사실을 꼭 기억하세요.

원칙 1 : 읽고 쓰면서 책과 소통하세요

이 원칙이 자연스럽게 다가오지 않는 분도 있을 거예요. 여러분은 책을 아주 조심스럽게 다뤄야 하고 절대 접거나 밑줄을 그어서도 안 되고 또 메모를 해서는 안 된다는 말을 들으며 자랐을 수도 있어요. 아니면 책에 무언가를 써야 한다는 것에 부담을 느끼거나 거부감이 들 수도 있겠죠. 여러분의 에너지가 바닥을 치고 있을 때라면 더 그럴 거예요.

일단 좋은 소식과 나쁜 소식이 있습니다. 좋은 소식은 전 여러분이 하고 싶지 않은 걸 강제로 하게 만들 수는 없다는 거예요. 그러니 이 책과 소통하지 않겠다고 결정했다면 제가 말릴 방법이 없어요. 나쁜 소식은 여러분이 고집을 부리고 글로 적는 훈련을 하지 않는다면 이 책에서 얻을 것이 많지 않을 거라는 거예요. 물론 제가 틀릴 수도 있어요. 그렇다면 직접 시험해 볼 수도 있어요. 그냥 책만 읽어 보세요. 글로 적는 훈련은 하지 말고요. 장담하는데, 그건 분명 시간 낭비가 될 거예요.

저는 이 책이 요구하는 대로 글로 적는 훈련을 전부 다 해 보라고 강력하게 추천합니다. 그렇게 하지도 않고서 여전히 우울하다고, 이 책이 '효과가 없다'고 말하는 것만은 제발 하지 말아 주세요. 제 바람은 여러분이 글로 적는 훈련을 시작하고 앞으로 몇 주 안에 확실히 기분이 나아지기 시작하는 거예요. 그렇게 한 다음에야 이 책이 여러분에게 '효과가 있는지 없는지' 정확히 판단할 수 있을 겁니다.

책과 소통하는 가장 쉬운 방법은 책에 직접 쓰는 거예요. 마음에 와닿는 부분에는 주저 없이 밑줄을 긋고 메모를 하고 형광펜으로 칠하세요. 책과 더 친해지고 더 좋은 관계를 유지할 수 있게 해 주는 모든 걸 하세요. 따로 공책에 적을 수도 있지만 공책을 잃어버리거나 어디 뒀는지 까먹을 수도 있잖아요. 그러니 그냥 책에 쓰세요. 혹시 이 책을 도서관에서 빌려서 읽고 있다면 공책을 따로 준비해서 써 보는 게 좋겠어요.

이게 정말 될까, 의심이 들 때도 있을 거예요. 그렇더라도 제발 거기서 멈추지 말고 그다음을 기대하는 마음으로 책에 더 몰두해 보세요. 그러면 책은 더 많은 이야기를 들려줄 거예요.

원칙 2 : 정신이 맑은 시간대에 매일 조금씩 읽으세요

대부분의 책은 한 번에 얼마나 많이 읽든, 얼마나 자주 읽든 상관이 없습니다. 이 책은 어떨까요? 단 며칠 만에 다 읽어 버리거나 한 번에 읽으면 어떤 장점이 있을까요? 자, 아래에 이 책을 한 번에 다 읽을 때의 장점들을 적어 보세요. 적어도 장점 두 개를 적을 때까지는 페이지를 넘기지 마세요.

1 _____

2 _____

3 _____

4 _____

5 _____

최소 두 개의 장점을 적었나요? 그랬다면 여러분은 지금 이 책과 소통하고 있는 겁니다. 정말 대단해요. 혹시 아직 적지 않았다면 읽는 것을 멈추고 다시 돌아가서 적어 보세요.

좋아요. 이쯤 되면 최소한 장점 두 개는 적었을 것 같아요. 정말 잘했어요. 뭐라고 적었나요? 저도 이 책을 한 번에 혹은 며칠 만에 다 읽는 것의 장점을 몇 개 생각해 봤어요.

1 책을 빨리 읽었다는 성취감을 느낄 수 있다.

2 속독 능력을 기를 수 있다.

3 이제 다른 책을 읽을 수 있다.

4 뭔가 읽을거리가 남아 있다는 찝찝한 기분이 들지 않는다.

5 내일 상담하면서 책 이야기를 해야 하는데 거의 읽지 못했다. 오늘이라도 대충 다 읽어 가면 주눅 들지 않아도 된다.

어때요, 비슷한 게 있나요? 어쩌면 제가 생각하지 못한 장점을 적었을 수도 있어요. 그것도 좋습니다.

이제 이 책을 하루 열 쪽씩 매일 천천히 읽어 나간다면 어떨까요? 토끼보다 거북이에 가까운 방법이죠. 일정량을 읽어 가며 이 책과 천천히 소통하면 어떤 장점이 있을까요? 적어도 장점 두 가지를 적을 때까지는 페이지를 넘기면 안 된다는 거 알고 있죠?

1 _____

2 _____

3 _____

4 _____

5 _____

그냥 '머릿속으로' 상상하거나 수동적으로 읽어서는 이 책에서 많은 것을 얻지 못할 거예요. 제 말을 믿으세요. 그런 식으로 한 분들이 있었는데 그분들의 일상은 전혀 바뀌지 않았어요. 여러분에게 그런 일이 생기면 안 되겠죠? 아직 적지 않았다면 돌아가서 장점 두 가지를 적어 보세요.

전 매일 조금씩 책을 읽는 것의 장점을 이렇게 적어 봤어요.

1 내용을 내 것으로 만들기 좋다. (잠깐 딴 길로 새자면, 저는 환자들에게 '덩어리'[chunking]라는 개념을 설명하는 걸 아주 좋아해요. 1, 2분이면 되니까 핵심 내용을 설명해 볼게요. '650-415-2222'라는 번호가 있다고 할 때, 우리 뇌는 전체 숫자를 한 번에 인식하는 것보다 끊어서 각각의 덩어리로 인식했을 때 훨씬 더 잘 기억합니다. 또한 뇌는 책을 읽거나 수업을 들을 때 맨 처음에 접한 부분을 훨씬 더 잘 기억하지요. 이것을 '일차 효과'라고 해요. 마찬가지로 뇌는 영화에서 가장 마지막에 본 장면, 문맥의 마지막 내용, 책의 각 장의 마지막 부분에 읽은 것을 오래 기억합니다. 이것을 '최근 효과'라고 해요. 이 말은 여러분이 무언가를 배울 때 더 많은 '덩어리'를 접하면, 즉 더 많은 시작과 끝을 접하게 되면 내용을 제대로 숙지할 수 있게 된다는 뜻이에요.)

2 어떤 면에서는 방대한 양을 한 번에 다 읽는 것보다 쉬운 방법이다.

3 책을 읽으면서 무언가가 달라질 수 있다는 희망이 생길지도 모른다. 이런 느낌을 한두 번이 아닌 매일 경험할 수 있다.

4 상황을 개선하기 위해 무언가를 했다는 성취감을 매일 느낄 수 있을 것이다.

5 책에서 제안하는 여러 가지 행동 전략들을 몇 주에 걸쳐 꾸준히 실천해 본다면 최고의 효과를 얻을 수 있을 것이다.

어때요? 이 책을 한 번에 다 읽는 것과 천천히 매일 읽는 것 중에 어떤 방식이 더 유익할까요? 저는 '천천히 매일 읽는 것'을 추천합니다.

제 생각에는 다섯번 째 마지막 장점이 이 책을 천천히 읽어야 하는 가장 중요한 이유가 될 것 같아요. 예를 들어 볼게요. 우울증에서 벗어나려면 수면 습관과 운동 습관을 개선해야 하는데 이 두 가지를 동시에 즉각적으로 바꾸기는 쉽지 않아요. 먼저 한동안 수면에만 집중하면 수면 습관을 바꿀 수 있는 확률이 높아질 거예요. 그런 다음 운동 습관에 집중해 보는 겁니다. 사실, 시간 제약이 없고 기분이 괜찮은 상태라면 새로운 수면 습관이 몸에 익을 때까지 온전히 한 달은 수면에만 집중하라고 권하고 싶어요. 새로운 수면 습관이 완전히 자리를 잡고 난 다음, 한 달 동안 규칙적인 운동에 몰입하고 그런 다음 한 달 동안 명상에만 집중하는 겁니다. 이런 전략은 새로운 습관이 더 쉽게 자리를 잡게 하고 실패할 확률을 낮춰 줍니다. 우울증의 정도가 경미하고 당장에 여러 가지를 바꿔야 할 만큼 급한 상황이 아니라면 책 읽는 분량을 조절해 보세요. 그런 다음 이 책에서 이야기하는 전략들을 실행하는 데 집중해서 행동의 변화를 이루어 내는 겁니다.

하지만 제가 걱정되는 부분은 행동 전략에 들어가기 위해 몇 달을 견뎌야 하는 게 너무 지루할 수도 있다는 거예요. 거기다가 지금 여러분은 기분을 바꾸려고 막 가속도가 붙은 상황인데 이 책을 몇 개월 이상을 들여 읽으라고 한다면 중도에 포기하게 될까 봐 걱정이 되기도 합니다. 그렇다면 하나의 행동이 습관이 되어 가는 동안 다른 행동 변화를 시작해 보는 방법도 있습니다. 중요한 건, 몇 주에 걸쳐 이 책을 꼼꼼히 읽는 것만으로도 여러 가지 행동의 변화를 만들어 낼 수 있다는 거예요. 그렇게 하면 이 책의 내용을 내 것으로 만들 가능성을 높일 수 있습니다. 그러니 매일 열 쪽씩 읽는 방법을 시도해 보세요. 한 번에 다 해치워 버리지 말고요.

원칙 3 : 일단 책에서 권하는 대로 해 보세요

제가 이야기하는 것들이 어려운 부탁이라는 건 알아요. 여러분은 제가 누군지도 모를 테니까요. 여러분은 절 믿어도 될까, 제가 허풍 떠는 사기꾼은 아닐까 의심스러울 거예요. 세상에 가짜는 넘쳐 나고, 여러분에게 돈을 뜯어낼 궁리를 하는 사람들도 많고, 여러분보다 자신의 이익을 위해 무리한 요구를 하는 사람들도 있으니까요.

어떻게 하면 여러분에게 신뢰를 줄 수 있을까요? 제 웹사이트와 인터뷰 영상을 보는 게 도움이 된다면 구글에서 Jacob Towery를 검색해 보세요. 저는 진심으로 여러분에게 도움을 드리고 싶어요. 제가 가장 중요하게 생각하는 목표는 여러분이 고통에서 벗어나 안정을 얻는 것입니다. 저는 듀크대학교, 버지니아 의과대학교, 스탠포드 의과대학교 등에서 청소년 우울증을 효과적으로 치료하는 방법에 대해 오랜 시간 배우고 연구했습니다. 우울증을 겪고 있는 청소년 수백 명을 만났고 그중에는 자살 충동을 느끼는 친구들도 여럿 있었습니다. 제가 이 책에서 제안하는 방법을 활용해 훨씬 나아지는 과정을 보아 왔고 어떤 분들은 몇 주 안에 완전히 회복하기도 했어요. 전 여러분이 빠른 시간 안에 의욕을 되찾고 의사나 상담사를 만날 필요가 없는 상태가 되길 바랍니다.

하지만 제가 제안하는 걸 중요하게 생각하지 않는다면 제가 할 수 있는 건 없어요. 그건 체중을 줄이려고 헬스 트레이너를 찾아가서 몸 상태에 대해 진단을 받고 운동법을 다 배워 놓고선 운동을 하지 않고 식단을 바꾸지 않는 것과 같아요. 그렇게 해서는 결코 체중을 줄일 수 없을 거예요.

이 책도 마찬가지입니다. 여러분은 앞으로 잠과 운동, 명상, 인지행동치료에 대해 살펴볼 거예요. 하지만 그 방법을 실천하지 않으면 별로 달라지는 게 없을 겁니다. 너무나 상식적인 이야기이지만, 많은 사람들이 이 부분을 가볍게 여기기 때문에 우울증에서 벗어나지 못하고 있어요.

하지만 반대로, 제가 추천하는 대로 해 본다면 기분이 눈에 띄게 나아질 거라고 확신합니다. 지금 자신이 비참하게 느껴지고 스스로 목숨을 끊고 싶은 생각까지 든다고 해도요.

가장 중요한 건, 책이 이야기하는 대로 한번 해 보는 거예요. 그냥 우울증에 대해 읽기만 하는 것은 아무 의미가 없습니다. 그럼 시작해 볼까요?

1
내가
우울증
이라고?

우울증,
넌 누구냐?

        우울증은 전 세계 수백만 명의 청소년들에게 영향을 끼치고 있습니다. 일단 미국에서만 얼마나 많은 이들이 우울증으로 고통 받고 있는지 이야기해 볼게요. 18세가 될 때까지 우울증을 겪는 청소년들의 수는 전체 청소년의 20% 정도입니다. 우울증은 사람을 무기력하게 만들고 절망을 느끼게 합니다. 가장 나쁜 건 매년 수천 명이 스스로 목숨을 끊게 하는 거지요. 우울증은 자살하는 사람들에게 나타나는 가장 일반적인 증상입니다. 핀란드에서 시행한 연구에 따르면 자살하는 사람들의 50% 정도가 우울증을 앓는다고 합니다.

        우울증을 겪는 사람들은 그렇지 않은 사람들보다 생산성이 떨어지고 직업을 잃을 확률이 높습니다. 사실, 우울증은 두통, 관절염 같은 만성적인 신체질환이 실행력과 집중력에 미치는 악영향보다 훨씬 더 강력합니다. 제 경험으로 보면, 우울증을 앓는 청소년들은 그렇지 않은 또래들에 비해 학업을 수행하는 데 훨씬 많은 문제를 겪습니다.

상황을 더 나쁘게 하는 건 우울증을 겪는 많은 청소년들이 도움을 받으려 하지 않는다는 거예요. 전문가에게 도움을 받고 싶은 이들이 있다 해도 자격을 갖춘 심리치료사나 청소년 정신과 의사를 만나기 힘든 경우도 있습니다.

우울증이 대체 뭐길래 우리를 이렇게 힘들게 하는 걸까요? '우울증'을 정의하는 것부터 시작해 봅시다. 전문적인 의학 용어가 나오긴 하지만 너무 어렵게 생각하지 않아도 될 거예요.

의학계에서는 최소 2주간(18세 이하라면 1주) 일상생활에서 관심이 가는 일이 없고 즐거움을 느끼지 못하는 우울 증세가 나타났다면 '주요우울장애'를 겪고 있다고 판단합니다. 성인과 달리 아동과 청소년은 우울한 기분보다는 쉽게 화를 내는 과민한 상태가 더 자주 나타납니다. 아동은 슬프거나 우울해 보이며 두통이나 복통 같은 신체적 불편감을 호소하고 과민한 경우가 많아요. 이에 비해 청소년은 슬픔과 절망감 같은 감정을 더 많이 드러내며, 수면과 식욕 등에서 변화가 많습니다.

우울증의 주요 증상은 다음과 같습니다.

- 슬픈 기분이 든다.
- 일상적인 활동에 흥미를 잃는다.
- 평소보다 더 많이 자거나 적게 잔다.
- 죄책감이나 스스로가 가치 없다는 느낌이 든다.
- 기운이 없다.

- 부정적인 문제에 과하게 집중한다.
- 식욕이 떨어지거나 급격히 증가한다.
- 평소보다 행동이 굼뜨다.
- 자살에 대해 생각한다.

'주요우울장애'를 겪고 있다면 2주간 위의 증상 중 최소 다섯 가지가 나타납니다. 그리고 지속적으로 슬픈 기분이 들고, 일상생활에 대한 흥미가 줄어드는 증상이 둘 다 나타나거나 최소한 하나는 나타납니다.

우울증을 진단하는 건 쉽지 않습니다. 사람에 따라 증세가 제각각이기 때문이지요. 물론 진단이 쉬울 때도 있습니다. 예를 들어 볼까요. 16살의 베스는 우울증 치료를 몇 달간 받고 있었음에도 기분이 계속 저하되어 담당 심리치료사가 저에게 보낸 경우입니다. 베스는 기타를 연주했고 이상주의자였습니다. 하지만 지난 몇 달 동안은 친구들과 어울리지 않았고, 기타 연주도 하지 않았어요. 잠을 제대로 자지 못했고 체중도 불어났으며 기력이 바닥을 쳤습니다. 혼자 있을 때면 자주 울었고 남자 친구와 다투는 일도 잦았습니다. 상황은 점점 나빠져 결국 스스로 목숨을 끊을 생각까지 하게 되었습니다.

베스의 경우, 우울증 진단이 어렵지 않았습니다. 주요우울장애의 증상이 분명히 나타났거든요. 다행히 빨리 진단을 받았고 12주간 치료를 진행하면서 급속도로 회복이 되었어요. 지난주에 베스에게서 연락이 왔는데, 지난 학기에 전과목 A학점을 받았고 지금은 이전보다 훨씬 즐겁게 지내고 있다고 하네요.

하지만 우울증을 진단하기 어려운 경우도 있습니다. 이 책에서 그 부분을 다 짚기는 어렵지만 한 가지를 꼽으라면 극도의 불안이 우울함의 원인일 때가 그렇습니다. 그럴 땐, 일단 불안이라는 원인을 해소하고 나면 기분이 나아지는 경우가 많습니다.

조금 다른 경우도 있습니다. 겉으로는 완벽하게 행복해 보이는데 깊은 우울증을 앓고 있는 경우입니다. 최근에 치료를 시작한 17살 매트를 예로 들어 볼게요. 매트는 지난 3년간 우울증을 앓았어요. 하지만 매트는 늘 기분 좋은 미소를 지었고, 남들이 듣고 싶어 하는 말이 무언지 알고 있었기 때문에 사람들은 그의 상태를 눈치채지 못했어요. 매트는 슬픈 티를 내지 않았고, 친구들과 어울려 농구도 했어요. 하지만 속으론 비참함과 절망을 느끼면서 지난 몇 년간 어떤 일을 해도 즐겁지가 않았어요. 그렇게 스스로를 몰아붙이면서 사람들이 원하는 대로 모든 일을 '마지못해 꾹 참고' 해 왔던 겁니다.

다행히 매트는 이 어둠에서 벗어나고 싶은 동기가 강해서 우리는 4주에 걸쳐 매번 두 시간에 달하는 상담을 진행했습니다. 매트는 잠자는 시간을 늘리고, 규칙적으로 명상을 했고, 자신의 생각을 바꾸는 방법을 배웠습니다. 느리긴 했지만 매트의 기분이 나아지기 시작했어요. 이제 치료 과정이 한두 차례 남은 상태고, 이후에는 매트 스스로 해 나가야 할 겁니다. 다행히 그의 미소와 속마음이 일치하기 시작했어요. 매트의 경우 가장 안타까웠던 것은, 주변 사람들 눈에는 문제가 없어 보였기에 오랜 시간 동안 진단을 받지 못했다는 것입니다.

과잉 진단도 우울증 여부를 판단하기 어렵게 합니다. 청소년이라면 누구나 겪는 한차례의 슬픔을 우울증이라고 넘겨짚는 것이죠. 이런 경우는 흔하게 일어납니다.

부모님이 우울증을 치료해 달라고 저에게 데리고 왔던 13살 새라의 이야기를 들려 드릴게요. 새라의 할아버지는 두바이 출신이었는데 석유산업에 뛰어들어 큰 성공을 거두었고 새라의 부모는 개인 제트기를 갖고 있었으며 마우이섬이나 스위스로 휴가를 떠나곤 했습니다. 새라는 친구 관계가 꽤나 복잡했어요. 한번은 친구가 절교를 선언하자 새라는 재키라는 친구에게 자살을 하겠다고 했습니다. 당연히 재키는 걱정이 되어 다른 친구들에게 그 이야기를 전했고 그 아이들의 부모가 새라의 부모에게 전화를 했죠. 얼마 지나지 않아 많은 사람들이 새라를 걱정하기 시작했습니다.

저는 새라를 딱 세 번 만났습니다. 처음 만났을 때, 새라의 매력적이고 활기찬 모습을 보고 깜짝 놀랐습니다. 새라는 말솜씨가 보통이 아니었어요. 여름에 두바이에 갈 생각에 신이 나 있었고 좋아하는 남자아이를 떠올리며 조금 불안해하면서도 앞으로 둘의 관계가 어떻게 될지 궁금해했어요. 그리고 식욕이나 수면 문제, 기력과 집중력 저하 같은 일반적인 우울증 증상이 보이지 않았습니다.

새라는 몇 시간 정도 우울한 느낌이 들 때가 있었습니다. 어떨 때는 울기도 합니다. 그러다 곧 웃으며 학교에서 있었던 일을 신나게 이야기하죠. 부모님이 이런 '감정 기복'을 걱정하는 것도 이해는 갑니다. 특히 스스로 목숨을 끊겠다고 했다면 더욱 그렇겠죠.

하지만 제가 새라에게 삶을 끝내고 싶은지에 대해 물었을 때, 새라는 솔직하게 말해 주었어요. 그럴 생각이 없다고요. 친구를 잃는다는 생각에 화가 나서 자살하겠다는 이야기까지 했고 그 말을 다른 사람들에게 옮긴 친구에게도 화가 났다고 했어요. 새라는 자살하겠다고 협박하면 친구가 미안함을 느끼고 관계를 이어 갈 수 있을 거라고 생각했어요. 새라는 감정 기복을 겪었고 그 상태가 몇 시간 동안 유지되기도 했지만 그런 일은 청소년들에게 흔하게 일어나는 일들입니다.

저는 새라의 부모님에게 우울증으로 발전할 수 있는, 눈여겨보아야 할 구체적인 증상이 무언지 알려 드렸습니다. 우리는 세 번째이자 마지막 상담에서 '자살 협박'의 장점과 단점에 대해서 이야기를 나누었습니다. 새라는 친구 관계를 회복하기 위해서는 저와의 상담도 좋지만 더 효과적인 방법을 찾는 게 좋겠다고 하더군요. 그리고 앞으로 자살 협박은 하지 않겠다고 했습니다. 스스로 좋은 결론을 내린 거지요. 얼마 전에 새라의 부모님으로부터 이메일이 왔는데 새라가 이전보다 훨씬 잘해 나가고 있고 그 이후로 자살 협박은 없었다고 합니다.

이제 여러분은 본인이 우울증인지 아닌지 궁금할 거예요. 지금 확실히 우울증을 겪고 있다면 증상이 얼마나 심한지 알고 싶겠지요? '우울증 선별 도구'(PHQ-9)라고 불리는 3분 정도면 할 수 있는 아주 간단한 설문지로 지금 당장 체크해 볼 수 있어요. 여러분이 이 책에서 알려 주는 방법들을 받아들이기로 결심했다면 어떤 증상이 개선되었고 어떤 증상이 악화되었는지도 파악할 수 있습니다. 이 책에서 요구하는 훈련을 해 나가면서 꾸준히 체크해 보세요.

30페이지에 있는 설문지를 체크하는 방법을 알려 드릴게요. 먼저 지난 2주간 각 항목에서 말하는 증상을 얼마나 자주 겪었는지를 0에서 3점까지 매깁니다.

0 : 전혀 느끼지 않았다.

1 : 2주의 3~4일 정도

2 : 2주의 절반 이상

3 : 거의 매일 느꼈다

그런 다음 맨 아래에 있는 항목은 본인의 상황에 맞는 칸에 표시하세요. 이 문항은 사회생활, 학업, 개인적인 일 등을 해 나가기 어렵게 만든 문제들이 얼마나 심각했는지를 나타냅니다.

자, 망설이지 말고 지금 여러분의 상태가 어느 정도인지 확인해 보세요. 혹시 상태가 진전되는 과정을 확인하기 위해 일주일에 한 번씩 체크하고 싶다면 맨 뒤 부록에 빈 테스트지를 실어 놓았으니 복사해서 쓸 수 있습니다. 아, 그리고 온라인에서도 손쉽게 해 볼 수 있답니다. 한국어로도 테스트가 가능하니까 들어가서 체크해 보세요. (www.phqscreeners.com)

우울증 선별도구(PHQ-9)

지난 2주 동안, 얼마나 자주 아래의 문제를 겪으셨나요?	전혀 없음	3~4 일	절반 이상	거의 매일
❶ 일 또는 여가 활동을 하는 데 흥미나 즐거움을 느끼지 못한다.	0	1	2	3
❷ 기분이 가라앉거나 우울하고 희망이 없다고 느낀다.	0	1	2	3
❸ 잠이 들거나 숙면을 하는 것이 어렵다. 또는 잠을 너무 많이 잔다.	0	1	2	3
❹ 피곤함을 느끼거나 기운이 없다.	0	1	2	3
❺ 입맛이 없거나 과식을 한다.	0	1	2	3
❻ 자신을 부정적으로 본다. 혹은 자신을 실패자로 보거나 자신 또는 가족을 실망시켰다고 생각한다.	0	1	2	3
❼ 신문을 읽거나 텔레비전을 보는 일상적인 일에 집중하는 것이 어렵다.	0	1	2	3
❽ 사람들이 알아챌 정도로 말과 행동이 느리다. 또는 안절부절못하거나 들떠 있다.	0	1	2	3
❾ 자신이 죽는 것이 더 낫다고 생각하거나 자해에 대해 생각한다.	0	1	2	3
각 항목의 합				
총합				
만일 위의 문제 중 하나라도 해당되는 것이 있다면, 이런 문제들로 인해서 일을 하거나 집안일을 하거나 다른 사람과 어울리는 것이 어느 정도로 힘들었습니까?	전혀 힘들지 않았다	약간 힘들었다	매우 힘들었다	극도로 힘들었다

자, 이제 점수를 매겨 볼 시간입니다. 1번과 2번 문항 모두, 혹은 둘 중 하나에 2점(절반 이상) 혹은 3점(거의 매일)을 주었다면 치료가 필요한 우울증을 겪고 있는 겁니다. 그런데 마지막 문항에서 '전혀 힘들지 않다'를 골랐다면 가장 일반적인 형태인 임상우울증은 아닐지도 모릅니다. 아홉 개 문항의 점수를 모두 더해 우울증이 어느 정도인지 확인해 봅시다.

0~4점 : 우울증이 없거나 매우 약한 상태

5~9점 : 가벼운 우울증

10~14점 : 보통 정도의 우울증

15~19점 : 중증 우울증

20~27점 : 극심한 우울증

혹시 '우울증이 없는 상태'로 나왔나요? 정말 다행이에요! 그리고 결과가 '가벼운 / 중증의 / 극심한' 그 어느 것으로 나왔더라도 괜찮습니다. 지금 여러분의 우울증이 심각하다고 해도 희망은 있습니다. 제가 청소년 정신과 의사가 되길 잘했다고 느낄 때는 죽고 싶을 정도로 비참하다고 느끼던 사람들이 몇 주간의 치료를 받고 다시 행복해지는 걸 볼 때입니다. 그렇게 빨리 치료된다는 게 말이 되냐고요? 저는 그런 변화가 일어나는 것을 지금도 보고 있습니다.

매주 우울증 선별도구를 체크해 보고 점수가 어떻게 바뀌어 가는지 확인해 보세요. 빨리 상황이 좋아지는 걸 보고 싶다면 지금 당장 시작하세요.

우울증을
끌어안고 있는
진짜 이유

이번 장을 책에 넣을까 말까 고민을 많이 했습니다. 우울증은 사람들을 비참하게 만들고 엄청난 고통을 느끼게 합니다. 그래서 누구나 최대한 빨리 우울증을 날려 버리고 영원히 멀어지고 싶을 거라고 생각하지요.

하지만 제가 놀란 것 중 하나는 사람들이 우울증에서 벗어나기보다 우울증을 유지하려고 하고 그 이유가 우울증을 유지할 때 장점이 있기 때문이라는 거였어요. 스탠포드 의과대학교 레지던트 2년 차 시절, 데이비드 번즈 박사가 매주 두 시간씩 진행하는 그룹 치료훈련에 참여한 적이 있습니다. 저는 번즈 박사가 전 세계적인 베스트셀러가 된, 우울증을 겪는 성인들을 위한 책 『필링 굿』을 썼다는 것을 알고 있었고 스탠포드에서 그분과 함께 연구에 참여할 수 있게 된 것을 큰 행운이라고 생각했습니다. 저는 그 훈련을 통해 다양한 치료법을 배웠습니다.

번즈 박사에 따르면 성인들의 경우 우울증에서 벗어나 행복해지기보다 우울증을 계속 유지하도록 선택하게 만드는 강력한 힘이 존재한다고 합니다. 예를 들어 한 어른이 여러 해 동안 심각한 우울증을 겪고 있고 정부에 장애수당을 신청해 한 달에 2천 달러를 받는다고 해 보죠. 이 사람은 실업 상태로 우울증을 앓고 있는 한 매달 2천 달러를 받게 됩니다.

만약 이 사람의 우울증이 치료된다면 무슨 일이 일어날까요? 더 이상 장애수당을 받을 수 없게 되겠죠.

"계속 우울한 상태로 있을래. 다시 일을 해야 한다고 생각하면 너무 겁이 난단 말이야."

이런 상황은 우울증에서 벗어나기 위한 치료법을 적극적으로 찾고자 하는 동기를 무의식적으로 약하게 만든다는 걸 알 수 있습니다.

저는 이 원리가 청소년들에게도 똑같이 적용될 줄은 몰랐습니다. 네드의 이야기를 들려 드릴게요.

네드는 17살 소년이었어요. 드럼을 연주했고 음악과 미술에 재능이 있는 예술가였죠. 저를 찾아왔을 때는 1년째 우울증을 앓고 있었고, 연주를 그만두고 그림에도 거의 손을 대지 않고 있었습니다. 여자 친구가 있었는데 깊이 좋아하면서도 동시에 감정적으로 혼란스러운 상태였어요. 네드는 부모님과 여러 가지 주제로 격렬하게 싸웠어요. 여자 친구와 데이트하는 것부터 학교 과제나 대학 진학 문제, 자동차를 운전하는 문제까지 다양했습니다. 네드는 대안학교에 다니고 있었는데, 선생님들 모두 우울증을 앓는 네드에게 관대했어요. 그래서 수업시간에 친구들이 작문을 하고 있는 동안 네드는 여자 친구와 문자를 주고받으며 시간을 보냈어요.

네드의 부모님은 어쩔 줄 몰라 했어요. 우울증 때문에 대학 진학에 문제가 생기거나 상황이 더 나빠져 스스로 목숨을 버리겠다는 위협을 하게 될까 봐 걱정이 많았습니다. 부모님은 네드의 요구를 거절하면 그게 아이를 벼랑으로 몰고 갈지도 모른다는 두려움 때문에 여자 친구와 외박을 하거나 숙제를 안 해도 웬만하면 눈감아 주었습니다.

혹시 네드의 우울증이 갖고 있는 '긍정적인' 면이 보이나요? 네드가 우울증에서 벗어나지 않고 건강해질 수 있는 기회를 놓치도록 부추기는 건 무엇일까요? 생각나는 것들을 아래에 적어 봅시다. 실제로 적다 보면 더 많은 게 떠오를 겁니다.

1 _____

2 _____

3 _____

4 _____

5 _____

6 _____

7 _____

어떤 답을 적었나요? 네드가 우울증을 끌어안고 있어야 하는 다양한 이유들이 있을 겁니다. 네드와 제가 함께 적어 본 이유를 보여 드릴게요.

1 여자 친구도 기분이 처져 있다. 만약 네드의 기분이 나아진다면 두 사람이 같은 일을 겪고 있다는 동질감이 무너질 것이다.

2 네드는 하고 싶은 게 많다. 뭐든 마음대로 하려면 우울증을 유지하면서 스스로 목숨을 끊겠다고 부모님을 협박하면 된다.

3 선생님들은 그에게 매우 관대하다. 만일 네드가 건강해지면 그에게 더 많은 걸 기대하게 될 테고 그럼 아마 수업 중에 여자 친구와 문자를 주고받을 수 없게 될 것이다.

4 네드는 부모님에게 화가 나 있고 그분들에게 소리를 지르면 속이 시원하다. 지금은 이런 행동의 원인을 우울증이라고 생각하고 그를 나무라지 않는다. 하지만 건강해지고도 부모님에게 소리를 지르면 엄하게 다룰 것이다.

5 아직 부모님이 자동차 운전을 허락해 주진 않았지만 차를 몰면 기분이 나아질 것 같다고 했더니 부모님이 설득당하기 일보직전이다. 그가 건강해지면 차를 몰 수 없을지도 모른다.

6 학교 숙제나 입시 준비 같은 건 지루하고 어렵기만 하다. 지금은 우울증 때문에 그에게 그런 걸 기대하는 사람이 거의 없다. 그런데 만일 건강해지면 매일 몇 시간씩 공부를 해야 할 것이다.

7 네드의 절친 후안은 정말 친절하다. 네드가 전화해 힘들었던 이야기를 하면 후안은 네드가 좋아하는 걸 가지고 집으로 오거나 전화

로 안심이 되는 말을 해 준다. 만일 네드가 건강해지면 이런 친절이 계속된다고 누가 장담할 수 있겠는가?

이 대답들은 네드와 제가 20분 만에 생각해 낸 것들입니다. 여러분은 우리가 생각하지 못한 다른 부분을 생각해 냈을 수도 있어요. 자, 그럼 볼게요. 위의 이유들은 네드가 우울증을 유지하려는 진짜 이유일까요, 아니면 그냥 지어낸 걸까요? 제가 생각하기에는 명백한 사실입니다. 그럼 이 이유들은 타당한 걸까요? 그렇고말고요! 만일 제가 네드였다면 우울증을 유지하고 있을 때 주어지는 긍정적인 것들이 이렇게나 많은데 기분을 애써 바꿀 필요가 있나 싶을 거예요. 네드가 '우울증인 척 연기를 하고 있다'거나 '동기부여가 안 되고 있다'고 말하고 싶은 건 아닙니다. 네드는 똑똑한 청년이고 어떤 행동을 했을 때 이점이 많다면 그 행동을 계속해 나가는 게 자연스러운 일이에요. 그러니까 '일부러' 그런 행동을 하는 것도 아니고 의식적으로 우울증을 계속 유지해야 한다고 생각하는 것도 아니라는 거죠.

인간은 동물이고 모든 동물은 '결과'에 반응하는 존재라는 걸 생각해 보면 더 와닿을 겁니다. (심리학 용어로 설명하자면 '결과'라는 용어는 특정 행동에 따르는 무언가를 말합니다. 결과가 '좋거나' '나쁜' 것과 관계없이 말이지요.) 우리는 행동을 합니다. 그리고 그 행동을 했을 때 마음에 드는 결과가 발생하면 그 행동이 뭐든 간에 미래에 그 행동을 더욱 하고 싶어지죠. 만일 여러분이 열심히 달렸는데 코치가 '아주 잘했어'라고 말해 준다면 다음번에는 더 열심히 달리고 싶을 거예요. 혹은 몸이 아프다고 말했더니 부모님이 집에서 쉬면서 TV를 보며 아이스크림을 먹게 해 준다면 앞으로 종종 아프고 싶겠죠. 그러니까 네드가 우울증을 겪는 결과로 어떤 식으로든 긍정적인 일이 일어난다면 그 결과 우울증에서 벗어나고 싶다는 열망이 꺾이게 됩니다. 건강이 회복되면 그런 이점들은 모두 사라져 버리고 말 테니까요.

위에서 말한 것들은 데이비드 번즈 박사가 '결과 저항'(Outcome resistance)이라고 부르는 용어로 설명할 수 있습니다. 결과 저항이란 환자가 고통을 겪고 있지만 다양한 이유로 효과적인 치료에 저항한다는 것을 뜻합니다. 누군가가 마법의 버튼을 눌렀는데 아무 노력 없이도 즉각적으로 상황이 달라진다면 그 버튼을 누르지 않을 이유가 없다는 거지요. 우울증에서 벗어나지 못하도록 주저하게 만드는 결과 저항은 누구에게나 일어나는 일입니다.

네드와 처음 상담을 하다가 저는 이렇게 말했어요.

"세상에, 이렇게 보니까 우울증을 계속 앓고 있을 때 장점이 아주 많네. 네가 왜 나랑 같이 이 장점을 없애려고 하는지 의아할 정도야."

네드는 한동안 생각에 잠겨 있다가 말했습니다. 좀 더 자주 행복을 느끼고 싶고, 다시 드럼을 치고 싶고, 그림을 그리던 시절도 그립다고요. 그리고 부모님과 다투는 것에도 지쳤다고요. 네드는 우울증에서 벗어나면 좋을 이유들이 많겠지만, 앞에서 함께 알아본 대로 우울증을 앓고 있을 때의 이점들 때문에 솔직히 어떤 선택을 해야 할지 모르겠다고 했습니다.

그래서 우울증 치료를 할지 말지 결정하기 위해 우리는 결국 '비용편익분석'(Cost-Benefit Analysis)을 해 보기로 했습니다. 어렵게 들릴지 모르겠지만, 단순하게 설명하면 어떤 결정에 대한 장점과 단점을 표로 만들고 각각의 가치를 비교해 보는 거예요.

네드의 비용편익분석표는 이렇게 나왔어요.

우울증을 유지하는 것

장점	단점
1. 여자 친구와 공통점을 더 많이 공유할 수 있다.	1. 자주 비참한 기분을 느낀다.
2. 부모님이 내가 원하는 일을 더 자주 허락해 주신다.	2. 다시 드럼을 치고 싶은데 실행에 옮기기가 어렵다.
3. 선생님들이 내가 하고 싶은 걸 하게 내버려 두신다.	3. 그림을 그리고는 싶은데 의욕이 생기지 않는다.
4. 내가 소리를 질러도 부모님은 나를 나무라지 않으신다.	4. 엄마, 아빠와 싸우는 것에 지친다.
5. 자동차를 운전할 수 있게 될 것 같다.	5. 학교 상담 선생님이 내가 괜찮은지 자꾸 전화를 하는데 그게 귀찮고 짜증 난다.
6. 숙제를 안 하거나 입시 준비를 하지 않을 좋은 핑계가 된다.	6. 성적이 바닥으로 떨어졌고 계속 그러면 내가 원하는 학교에 진학할 수 없을 것이다.
7. 후안이 나에게 관심을 쏟아 주고 보살펴 준다.	7. 부모님을 실망시키고 있는 것 같다.
35	65

비용편익분석표에서 볼 수 있듯이 네드는 두 가지 항목 모두에 타당한 이유들을 가지고 있습니다. 맨 아래에 있는 동그란 칸에는 각 항목에 대

해 얼마나 중요하고 강하게 느끼는지를 점수로 나타내고 두 점수는 합쳐서 100이 되어야 합니다.

여러분이 직접 비용편익분석을 해 볼 때는, 각 항목을 채운 장단점의 개수도 중요하지만 그것과 상관없이 더 중요하게 다가오는 항목이 있을 거예요. 개수가 적어도 더 의미 있게 느껴지는 항목이 있다면 그 항목에 점수를 많이 주어도 괜찮습니다. 비용편익분석은 80/20으로 나올 수도 있고 55/45로 나올 수도 있어요. 하지만 50/50을 선택하는 건 추천하지 않아요. 이런 결과는 선택에 큰 도움이 되지 못하거든요.

네드의 경우, 우울증 유지의 장점에 35점을, 단점에 65점을 주었습니다. 단점이 장점보다 더 강하고 중요하게 다가왔고 네드는 우울증을 극복하기 위해 열심히 치료해야겠다는 동기가 생겼습니다.

여러분은 네드의 상황과 다를 수 있습니다. 중요한 건, 만일 여러분이 우울증을 겪고 있다면 이 우울증에서 벗어나지 않아야 얻을 수 있는 결코 가볍게 여길 수 없는 타당한 장점들이 있다는 것입니다. 사실, 여러 다양한 치료법의 문제 중 하나는 우울증 치료가 무조건 효과적일 거라고 단편적으로 생각하는 거예요. 그래서 환자들이 변화를 거부하는 경우 담당 의사나 보호자들이 당황하게 되지요. 아마 여러분도 우울증에서 벗어나지 않을 타당한 이유가 있다는 걸 받아들이지 않은 채 변화를 강요하는 의사나 상담가를 만나 봤을 수도 있어요.

저는 누군가가 하는 행동이나 생각이 '모두 나쁘고' 그렇기 때문에 당장에 바꿔야 할 것들로 여기는 건 그 사람에 대한 모욕이라고 생각합니다. 물론 자기 자신을 심각하게 해친다거나 하는 경우는 예외가 되겠죠. 하지만 대부분의 경우 저는 사람들이 어떤 행동을 계속하는 데에는 이유가 있다고 생각합니다.

그래서 저는 여러분들이 당연히 변화를 원할 거라고 단정 짓지 않겠습니다. 현재의 상황을 그대로 유지하는 게 상황이 달라졌을 때보다 더 나을 수도 있잖아요. 전 여러분이 원하지 않는 걸 하게 하려고 이 글을 쓰는 게 아니고, 그렇게 할 만한 능력도 없어요. 어쩌면 이번 장을 읽고 난 후에도 우울증을 유지하겠다고 결정할 수도 있어요. 그럼 이 책을 덮고 현재 상태 그대로 머물러 있어도 상관없습니다. 여러분이 그렇게 선택한 것이니까요. 하지만 여러분이 우울증을 없애 버리는 게 더 낫겠다고 결정했다면 일단 다음 장까지는 꼭 읽어 보라고 권하고 싶습니다.

자, 그럼 이제 비용편익분석을 어떻게 활용할 수 있는지 볼게요. 오른쪽 표에는 '우울증을 유지하는 것'이라는 제목만 적혀 있어요. 잠깐 시간을 내서 여러분이 우울증을 계속 유지하는 것의 장점과 단점을 모조리 적어 보길 바랍니다. 이 과정은 매우 중요합니다. 장점과 단점을 적은 다음 두 항목의 내용을 꼼꼼히 읽어 보고 어느 쪽이 얼마나 더 강하고 중요하게 느껴지는지 가늠해 보세요. 두 항목의 점수의 합이 100이 되도록(50/50은 말고요) 각각의 항목 아래에 점수를 써 주세요.

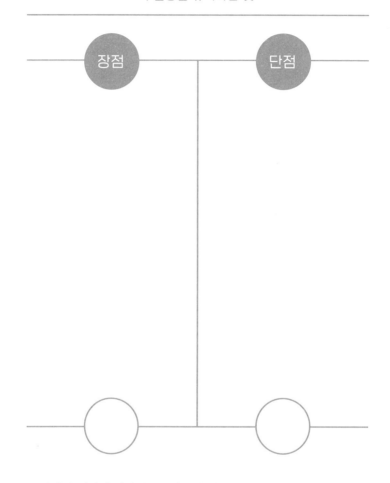

우울증을 유지하는 것

| 장점 | 단점 |

결과가 어떻게 나왔나요? 양쪽의 의견이 치열하게 대립했나요? 어느 쪽이 더 중요하게 다가왔나요? 어느 쪽이라도 괜찮습니다.

여러분에게 해당될 수도 있고 아닐 수도 있지만 '결과 저항'이 나타나는 경우는 많습니다. 저는 학교나 일터에 가지 않고 집에만 있는 청년들을 많이 봐 왔습니다. 부모님은 자녀가 상태가 좋아지면 일자리를 찾거나 학교에 갈 거라고 기대하지요. 이런 기대는 많은 사람들에게 두렵고 불편하게 느껴질 수 있습니다. 우울증을 극복하면 책임질 일이 늘어나 일종의 벌을 받게 되는 셈이니까요. 그래서 우울증을 유지하게 되는 경우가 많습니다.

'결과 저항'은 누군가에게 이런 말을 들을 때도 나타날 수 있습니다.

"그것 봐, 결국 다 마음먹기 달린 거잖아."

어떤 부모님들은 아이들에게 입버릇처럼 기운을 내라고 말합니다. 우울증을 극복하는 게 쉬운 일이고 당장에 할 수 있는 것처럼요. 그러다 누군가 정말 힘들게 극복을 했는데 이런 말을 들으면 분명 화가 날 거예요.

"내 말이 맞았지? 진즉에 이렇게 좀 하지 그랬어."

그러니 그 사람들이 틀렸다는 걸 증명하고 또 그들이 자기가 옳았다며 신나 하지 못하도록 우울증을 유지하게 되는 거죠.

저는 5년간 매주 심리 치료를 받아 온 12살 소녀를 맡은 적이 있습니다. 소녀는 담당 치료사를 몹시 좋아했고 유대가 돈독했어요. 자신의 상태가 '좋아지면' 치료를 받지 못할 테니 무의식적으로 계속 아픈 상태로 있었던 거죠. 치료사와의 관계를 이어 갈 수 있다는 이점 때문에 우울증을 계속 유지한 겁니다.

제가 담당했던 23살의 여성은 자신을 '정신병 환자'라고 말하고 다녔고 이미 퇴원했는데도 정신병원에서 차는 손목 밴드를 자랑스럽게 차고 있었습니다. 그는 정신질환에 관한 책을 엄청나게 읽었고 감정 처리에 문제가 있는 친구들만 골라 사귀었습니다. '정신병'이 정체성의 일부였던 셈입니다. 그는 상태가 좋아질까 봐 두려워했습니다. 자신이 여태껏 지켜 왔던 정체성을 완전히 바꿔야 한다고 생각했으니까요. 우리는 몇 주 동안이나 그가 느끼는 두려움이 얼마나 큰지, 치료를 하는 게 과연 그럴 만한 가치가 있는지에 대해서 이야기를 나누었습니다.

우울증에 대한 결과 저항은 위의 예들처럼 꽤 실제적이고 강력합니다. 일단 우울증에서 벗어나겠다고 마음을 먹으면 치료가 비교적 쉽게 진행되고 빨리 치료할 수도 있습니다. 하지만 우울증을 유지하게 만드는 장단점에 대해 깊이 생각해 보지 않으면 아이러니하게도 변화를 꾀하기가 어려운 게 사실입니다.

만일 여러분의 비용편익분석에서 '우울증을 유지하는 것'의 장점이 더 크게 나왔다면 현재로써는 변화보다 그 상태를 유지하고 싶다는 뜻입니다. 그렇다고 해도 아무 문제없습니다. 괜찮아요. 우울증에 걸렸다고 반드시 벗어나려고 노력해야 한다는 법은 없으니까요.

사실, 전 수십 년 동안 우울증을 앓고 있는 사람들도 만나 봤습니다. 혹시 여러분이 지금 그런 상태라면 최소한 두 가지 이유에서 타당한 결정을 한 겁니다. 첫째, 변화가 반드시 필요한 건 아닙니다. 그리고 우울증을 유지하도록 부추기는 현재의 일과 주변 사람들의 존재는 일시적인 걸 수도 있고 이런 상황은 앞으로 달라질 수 있습니다. 언제든 이 비용편익분석을 다시 시도해 볼 수 있어요. 며칠이나 몇 주, 혹은 몇 달에 한 번씩 해 보면서 변화를 확인할 수 있지요. 그러니까 지금 당장 우울증을 없애려고 노력하는 것보다 다른 때를 기다려 보는 게 좋을 수도 있어요. 둘째, 우울증을 고치겠다는 결심을 하지 않고, 스스로의 독립성을 존중하고 이 세상을 어떻게 살아갈지 결정하는 것도 훌륭한 일입니다. 다만 우울증을 유지하는 것의 장점의 점수가 더 높게 나왔다면 제가 바라는 건 딱 한 가지입니다. 여러분의 결정에 대해 '인정'하는 겁니다.

그리고 이렇게 말하지 마세요.

'내 뇌에 문제가 있나 봐.'

'부모님 때문에 우울해.'

대신 이렇게 말해 보세요.

'모든 장단점을 생각해 봤을 때, 지금 상황에서 난 우울증을 유지하기로 결정했어.'

이것이 정확한 표현입니다. 그런데 이 책을 처음부터 끝까지 전부 읽고 여기서 요구하는 대로 다 하고 나서도 우울하다면 이야기가 달라집니다. 제가 하고 싶은 말은 이거예요. 우울증을 고치려고 애쓰지 않고 지금처럼 우울증을 유지하겠다고 결정했다면 이 책을 더 읽어 나가기 전에 그 결정을 인정하고 받아들이세요. 지금 당장은 여러분이 우울증에서 벗어나려고 노력하는 게 의미 없는 일이라는 뜻이고, 그렇게 결정을 내려도 괜찮습니다. 다만 그 결정을 있는 그대로 받아들이세요.

이제 다른 경우를 살펴볼까요. 비용편익분석에서 단점 쪽이 50점 이상으로 더 강하게 나왔고 우울증에서 벗어나려고 노력해 보는 게 좋겠다는 결정을 내렸을 수도 있어요. 그 결정에 박수를 보냅니다. 우울증에서 벗어나는 건 꽤 해 볼 만한 일이에요. 그리고 많은 사람들이 이 길을 선택했습니다. 사실, 이런 결정을 내린 '당신'을 위해 제가 이 책을 쓴 겁니다. 제 바람은 이거예요. 여러분이 이 책을 읽고 여기서 말하는 모든 걸 해 보고 몇 주 안에 우울증이 완전히 사라지는 거죠. 여러분이 이 책의 지침을 따라 열심히 노력한다면 그것만으로도 기분이 나아질 수 있을 겁니다.

하지만 안 좋은 소식을 하나 전해야겠어요. '결과 저항' 말고도 또 다른 저항이 있는데 바로 '과정 저항'이라는 겁니다. 좋은 결과를 만들어 내기 위해서는 힘든 과정의 저항을 감수해야 한다는 것이죠. '결과 저항'이란 원하는 걸 아무 노력 없이 즉각적으로 해결해 주는 마법 버튼 같은 게 있어 무언가를 적극적으로 하지 못하게 만드는 거였죠. 안타깝게도, 무언가를 하겠다고 어렵게 결심했다고 해도 저에게는 마법 버튼이 없어요. 진지하게 노력하지 않고 우울증을 극복할 수 있는 방법은 없습니다. 그러니 우울증을 극복해 보겠다고 마음먹었다고 해도 실제로 우울함을 걷어 내는 데는 앞으로 몇 주에서 몇달 간 정말 안간힘을 써야 할 거예요. 그래서 많은 사람들은 나아지길 바라면서도 힘들게 노력하고 싶어 하지 않습니다.

이런 어려움에도 불구하고 우울증에서 벗어나려고 마음먹은 여러분들을 위해 몇 가지 지침들을 정리해 볼게요.

- 우선 이 책을 매일, 아무리 바쁜 날에도 읽으세요.
- 이 책에 나오는 '글로 적는 훈련'을 꼭 해 보시길 바랍니다. 내키지 않는 날에도요.
- 매일 밤 8~10시간 정도의 질 좋은 잠을 잘 수 있도록 잠자는 습관을 바꾸세요.
- 밤에는 모든 전자기기를 방 밖으로 내놓으세요. 자는 데 방해가 될 만한 것들은 최대한 멀리하는 게 좋아요.
- 매일 아침 같은 시간에 일어나세요. 아무리 피곤해도 지켜야 해요.

- 운동 규칙을 세우고 일주일에 5~6일은 운동을 합니다.
- 매일 아침 명상을 하세요. 지금 느끼는 감정의 원인이 무엇인지 알아내는 방법을 배우고 그런 생각들을 긍정적으로 바꾸는 다양한 전략을 배우게 될 겁니다.

앞으로 이런 내용들을 구체적으로 소개하면서 여러분이 좀 더 쉽게 이 과정을 수행할 수 있도록 돕겠습니다. 사실 위의 모든 내용이 '과정 저항'에 들어갑니다. 혹시 이런 생각이 들지도 모르겠어요.

'내가 정말로 우울증에서 벗어나고 싶은 건가? 그럴 기분도 아니고 하고 싶은 마음도 들지 않는데 이런 노력을 해야 하는 걸까?'

이 질문에 제가 여러분 대신 답을 할 수는 없습니다. 이런 상황은 과체중인 사람이 살을 빼기로 결심하고 헬스 트레이너를 찾아갔을 때도 나타납니다. 트레이너는 이렇게 말하겠죠.

"체중을 줄일 수 있는 방법을 알려 드릴 수 있게 되어 정말 기쁩니다. 식단을 바꾸시고 운동을 더 많이 하셔야 해요."

그럼 이런 생각이 들지도 몰라요.

'맨날 힘들게 운동을 하고 좋아하는 음식을 못 먹는 건 싫은데…. 말만 들어도 너무 힘들 것 같아. 하지만 살은 정말 빼고 싶어.'

네, 바로 문제점이 나왔네요. 만일 여러분이 살이 빠지길 바라면서 트레이너가 권하는 대로 생활 습관을 바꾸지 않는다면 아마 살을 빼지 못할 거예요. 하지만 몸에 좋은 음식을 챙겨 먹고 운동량을 늘린다면 분명 살이 빠지는 결과를 얻게 되겠죠.

우울증도 마찬가지입니다. 앞으로 제가 제안하는 대로 생활 습관을 바꾼다면 여러분의 마음이 건강해질 확률이 매우 높아요. 물론 쉽지는 않을 거예요. 아침에 알람이 울려도 일어나기 싫고, 학교에도 가기 싫고, 운동이든 심리치료 과제든 뭐든 하기 싫은 날이 많을 거예요. 하지만 우울한 마음에서 벗어나려면 어떻게든 해야 하는 일들입니다.

혹시 과정 저항이 너무 강해서 힘들게 노력하지 않겠다고 결정했다면 그것도 괜찮습니다. 부모님을 포함해서 그 누구도 여러분이 우울증에서 벗어나도록 '강요'할 수는 없으니까요. 지금으로서는 우울증을 유지하는 편이 낫겠다고 결정했고, 그 이유가 결과 저항이나 과정 저항, 혹은 둘 다 때문이라면 다음 장부터는 그만 읽어도 좋습니다. 다만 한 가지만 부탁할게요. 여러분이 필요한 노력을 하지 않겠다고 결정했다면 말을 신중하게 해 주길 바랍니다.

"난 우울증을 못 고치겠어" 또는 "내 머리가 좀 잘못됐나 봐. 우울한 상태에서 벗어날 수가 없어"라고 말하지 마세요. 대신 이렇게 말하세요.

"난 우울증에서 벗어나려고 애쓰지 않기로 했어." 이 편이 정직한 겁니다. 저는 여러분이 두 가지(우울증을 유지하는 것과 우울증에서 벗어나는 것)에 대해 충분히 생각해 보고 결정했을 거라고 믿습니다.

여러 가지 저항이 있음에도 불구하고 여러분이 마음의 문제를 해결하기 위해 노력을 아끼지 않기로 결정했다면, 정말 큰 결정을 한 거예요. 여러분의 마음과 기분이 나아질 수 있도록 함께 열심히 해 나가겠습니다.

지금부터 하려는 말은 좀 오글거리지만 그래도 해야겠어요. 저는 마음의 문제를 가진 청소년들을 돕는 것을 천직이자 소명이라고 생각합니다. 또 여러분과 함께 이 여정을 시작할 수 있게 되어 무척 들떠 있어요. 여러분이 이 책을 다 읽고 난 후 좀 더 행복해지고 뿌듯함을 느끼고 일상이 좋은 것들로 채워질 수 있다면 저는 대단히 만족스러울 거예요. 그럼 시작해 볼까요?

이 책을 읽는 청소년들에게 알립니다. 이번 장은 여러분의 어머니, 아버지, 또는 여러분에 대해 잘 알고 있는 보호자를 위해 썼습니다. 그러니 지금 당장 기분이 나아지는 법을 배우고 싶다면 다음 장으로 넘어가세요.

이 글을 읽고 있는 여러분은 아마 우울증을 겪고 있으리라 예상되는 청소년의 부모님이거나 보호자일 겁니다. 아니면 이미 우울증 진단을 받은 아이들을 위해 도움이 될 만한 자료들을 찾아보는 중일 수도 있고요. 엄청난 괴로움을 겪고 있는 아이를 둔 부모의 마음은 분명 고통스러울 거예요. 부모로서 무얼 잘못했는지 짚어 보며 뭘 바꿨어야 했는지 알고 싶을 수도 있고요. 아이에게 짜증이 나거나 화가 날 수도 있어요(우울해하는 사람에게 짜증이 나고 곁에 있기 힘든 건 어떻게 보면 자연스러운 일이니까요). 혹은 아이가 자해를 하거나 스스로 목숨을 버릴까 봐 두렵고 무서울 수도 있습니다.

짧은 한 장의 글이 여러분의 두려움과 궁금증을 다루기에 충분할 거라고는 생각하지 않습니다. 부족하겠지만 아이를 돕고, 여러분과 아이 사이의 불필요한 마찰을 줄일 수 있는 몇 가지 제안을 담았습니다.

처음으로 드릴 제안은 너무 뻔하게 들릴지도 모르겠어요. 하지만 일단 써 볼게요. 아이가 괴로워하거나 부모에게 마음을 털어놓지 않을 때 무얼 어떻게 해야 할지 혼란스러울 겁니다. 그때 가장 먼저 생각해야 할 것은 바로 '아이의 안전'입니다.

만일 아이가 자살 충동을 느끼고 있거나 자해를 한다면 즉시 전문가의 도움을 받도록 해야 합니다. 정신과 전문의, 특히 청소년들의 자살과 자해에 관해 잘 알고 있는 분이면 더욱 좋겠습니다. 만일 아이가 극심하게 자살 충동을 느끼고 있는데 전문가와 즉각적으로 연락을 취할 수 없다면 구급차를 불러야 할 수도 있습니다.

혹시 왜 제가 '자해'에 대해서 덧붙여 이야기하고 있는지 궁금한 분이 있나요? 이유는 이렇습니다. 고의로 자해(베기, 태우기, 또는 피부 조직의 손상을 유발하는 행위)를 하는 사람들이 자살할 위험이 높기 때문입니다. 최근 미국 심리학저널에 발표된 연구에 따르면 고의로 자해하는 사람들은 보통 사람들에 비해 자살할 확률이 30배나 높다고 합니다. 걱정할 만한 수치지요. 하지만 안타깝게도 전문 심리 치료사들조차 자해를 발달상 자연스러운 현상으로, 심지어 스트레스에 대한 적절한 반응으로 여기기도 합니다. 만일 여러분의 아이가 자해 행동을 보이는데 치료사가 즉각적으로 제지하려는 노력을 하지 않는다면 다른 치료사를 찾아보셔야만 합니다.

혹시 아이가 자살 충동을 느끼는지 여부를 알 수 없다면 어떻게 해야 할까요? 직접 물어보는 것이 적절하고 이성적인 대처입니다. 누군가에게 '자살' 충동에 대해 물어보면 안 그러던 사람도 그런 생각이 들게 된다며 그런 질문을 하지 말아야 한다는 사람들이 있는데 그건 사실이 아닙니다. 아이의 우울감이 지속된다면 그냥 두기보다 직접 묻는 것이 좋습니다. 부모의 관심과 가족 간의 유대감을 인지하는 청소년들이 그렇지 않은 경우보다 자살을 시도할 확률이 더 낮다는 연구 결과도 있습니다. 게다가 부모에게 자신의 문제에 대한 생각이나 느낌을 더 적게 말하는 청소년들일수록 자살 충동을 포함한 건강을 해치는 행동을 할 가능성이 높다고 합니다. 아이에게 자살에 관해 질문했을 때 아이들이 정말로 '자살하고 싶다'고 답한다면 당장 적절한 도움을 받게 해야 합니다.

가벼운 우울증을 겪고 있는 청소년들 같은 경우 당장 전문적인 도움이 필요하지 않을 수도 있습니다. 그런 경우에는 일단 이 책을 건네주세요. 사실, 제가 이 책을 쓴 건 우울증을 겪고 있지만 상담을 받으러 갈 수 없거나 그럴 의지가 없는 사람들을 돕기 위해서입니다.

혹은 아이가 전문가와 치료를 진행하고 있는데 예상했던 것보다 효과가 없을 수 있어요. 이런 경우에도 아이에게 이 책이 어느 정도 도움이 될 수 있습니다.

다음으로 권할 방법은 아마 가장 어려울지도 모르겠습니다. 자, 여러분이 아이에게 이 책을 주었거나 줄 거라고 가정할게요. 몇몇 분들은 앞으로 제가 '숙제'라고 부르게 될 많은 것들을 독자에게 요청한다는 걸 알아채셨을 거예요. 그 방법들은 적절한 시간에 잠자리에 들기, 잠들기 전 방에서 전자기기 내보내기, 규칙적으로 운동하기, 명상하기, 인지행동치료법 배우기입니다. 여러분들은 아이의 보호자로서 아이가 이 방법들을 실천할 수 있도록 독려해야 합니다.

이제 여러분이 아이에게 이 책을 읽고 책에서 요청하는 것을 하라고 권해야 하는 이유를 먼저 살펴볼까 합니다. 아래 칸에 여러분이 생각하는 이유를 적어 주시면 좋겠어요. 똑같은 방식으로 저는 아이들에게도(책을 읽기로 선택했다면) 머릿속으로 생각만 하지 말고 직접 답을 적으라고 할 겁니다. 글로 쓰는 걸 포함해서 책의 지침들을 따르다 보면 많은 걸 얻게 되고 아이들의 마음을 이전보다 훨씬 더 잘 이해할 수 있게 될 겁니다. 아래 칸에 아이에게 이 책을 끝까지 읽을 수 있도록 격려하고 / 몰아붙이고 / 꼬드기고 / 잔소리를 해야 하는 이유를 최소한 세 가지 이상 적어 주세요.

1
_____

2
_____

3
_____

4
_____

5
_____

이 과정을 그냥 넘겨 버리면 아이에게 쉽게 도망치는 법을 보여 주는 겁니다. 그러면서 아이에게 다르게 행동하라고 요구할 수는 없잖아요. 자, 그러니까 얼른 써 보세요.

어떤 게 있었나요? 제가 생각한 것 몇 가지를 공유해 볼게요.

1 이건 삶과 죽음이 관련되어 있다고 할 만큼 중요한 문제다. 아이의 삶을 바꿀 수 있다면 무엇이든 해 볼 만하고 이 책은 정말로 도움이 될 것 같다.

2 우리 아이는 스스로 의욕적으로 잘해 왔는데 최근에 무슨 일에든 동기부여가 안 된다. 내가 이 책에서 내 주는 숙제를 하라고 잔소리를 하지 않는다면 아이는 하지 않을 것이다.

3 나는 사람들에게 할 일을 말해 주는 걸 좋아하고 잘한다.

4 일주일 전에 아이에게 이 책을 건넸는데 아직 펼쳐 보지도 않은 것 같다. 내가 잔소리를 하면 읽을 것이고 상태가 좋아질 것이다.

5 우리 애는 많이 부족하다. 내가 잔소리를 하고 위험한 길로 가지 않게 막아 주니 얼마나 다행인가.

6 도저히 주체가 안 된다. 잔소리는 내 본성이다.

7 내가 온 에너지를 쏟아 이 일에 매진한다면 나중에 아이는 나에게 감사할 것이다.

어때요, 왠지 낯설지가 않죠? 아이에게 이 책을 읽고 숙제를 하라고 꼬드기고 몰아붙이고 잔소리를 해야 하는 훌륭하고 타당한 이유가 이렇게나 많습니다. 여러분이 이렇게 하는 것에 저는 그야말로 대찬성입니다. 단하나, 작은 문제만 없다면요. 그 작은 문제는 바로 효과가 없다는 것입니다. 그게 유일한 단점입니다.

우울증을 극복하는 건 취미로 바이올린을 배우거나 요리를 배우는 것과는 다릅니다. 바뀌고자 하는 내적 열망에서부터 출발해야 하거든요. 이 과정을 강요하게 되면 적어도 세 가지 이유에서 역효과가 날지도 모릅니다.

첫 번째, 아이에게 이 책에서 요청하는 숙제를 하라고 잔소리를 하면 아이와 부모님 사이에 충돌이 일어날 가능성이 높아져 긴장감이 고조되고 갈등이 생길 수 있습니다.

두 번째, 아이가 반항심에 건성으로 할 가능성이 있는데 그렇게 되면 여러분의 목표는 무너지고 치료에 방해가 될 수도 있습니다.

세 번째, 아이를 억지로 밀어붙여서 이 책에서 내 주는 숙제를 끝내고 마침내 기분이 많이 나아지게 될 경우 아이가 스스로 이 모든 힘든 과정을 완주했을 때보다 성취감이 줄어들 수 있습니다. 만일 아이가 치료의 원동력이 '부모'에게 있다고 느낀다면 이 변화의 주체가 자신이라는 느낌과 성취감이 줄어들 것이고 회복이 유지되는 기간이 짧아질 수도 있습니다.

그렇기 때문에 이 시점에서 정중하게 권하고 싶은 것은 아이들 스스로 이 책을 읽고 수행하도록 두라는 겁니다. 아이들에게 기회를 주세요. 우울증으로 고통을 겪고 있는 많은 청소년들이 치료를 기꺼이 진지하게 받아들이고 노력한 결과 단기간에 회복되는 것을 보며 저는 놀랐습니다. 아이가 좋아지길 바라고 지금 어느 정도 안전한 상태라면 직접 시도해 볼 수 있는 기회를 주세요.

만일 아이에게 이미 이 책을 건넸고 잔소리하고 싶은 마음을 참을 수 없다면 몇 가지 제안을 드릴게요. 어떤 분들에게는 기분 나쁘게 들릴 수도 있겠지만 오랜 시간 치료를 하면서 경험한 것들을 바탕으로 드리는 이야기입니다. 우선 여러분 자신이 정서적으로 건강한 상태인지 돌아보세요. 제가 담당했던 청소년의 부모님들 중 많은 수가 우울증, 불안, 성격장애가 있었고 여러 잠재적 문제를 안고 있었습니다. 이런 어려운 상황에 처해 있다 보면 부모 역할을 제대로 수행하는 게 힘들어지고 아이에게 큰 짐을 지우게 될 수 있습니다. 만일 여러분이 정서적 혹은 심리적인 문제가 있는 상태라면, 사랑하는 아이에게 줄 수 있는 최고의 선물은 자신을 돌아보고 도움을 받는 것입니다. 문제가 심각하지 않다면『필링 굿』같은 성인을 위한 자가치료 책을 읽고 적용해 볼 수 있습니다. 부모가 자신의 문제를 진지하게 받아들이는 것은, 아이에게 정서적인 문제는 중요한 것이고 제대로 처리해야한다는 의미로 전달될 것입니다.

두 번째 제안입니다. 여러분의 자녀가 진지하게 이 책을 읽고 받아들이기로 마음먹었다면 아이가 실제로 변화를 만들어 낼 수 있도록 도와주세요. 예를 들어, 아이가 '알람시계 세 개'를 사야 한다고 말하면 돈을 주거나 직접 사다 주세요. 아이가 규칙적으로 운동하길 원한다면 경제적 여력이 되는 만큼 지원해 주세요. 개인 트레이너를 붙여 주거나 헬스클럽 회원권을 끊어 줄 수도 있고 편한 운동화를 사 줄 수도 있습니다. 아이에게 휴대폰이 없다면 어플을 이용해 아이가 명상을 할 수 있도록 아침에 15분만 여러분의 휴대폰을 빌려주는 건 어떨지 생각해 보세요. 혹시 여러분에게도 휴대폰이 없다면 단순한 알람시계는 3천 원 정도면 구할 수 있을 거예요.

그리고 아이들에게 속에 감춰 둔 비밀 이야기를 털어놓으라고 강요하지 마세요. 아이에게 질문을 하는 것은 좋지만 그 질문이 취조가 되어서는 안 됩니다. 대신 아이들을 얼마나 사랑하는지 자주 이야기해 주고, 아이들이 속에 있는 이야기를 하고 싶어 하거나 도움을 필요로 할 때 언제든 곁에 있을 거라고 말해 주세요. 그런 다음 그 말을 지켜 나가세요. 여러분이 일주일에 6일은 집을 비우거나 아침부터 밤늦게까지 일을 하는 상황이라면, 정말 힘들겠지만 조금만 더 일찍 집에 돌아올 수 있도록 노력해 보세요. 아이와 함께 식사를 하고 적어도 주말에 한 번쯤은 아이가 좋아하는 걸 함께 해 보는 겁니다. 아이가 여럿이라면 아이 한 명과 보낼 수 있는 시간을 따로 마련하는 게 어려울 수도 있어요. 그런 경우라도 오롯이 둘이서만 있을 수 있는 시간을 적어도 30분이라도 만들어야 합니다. 그 시간 동안 '아이가' 좋아하는 일을 하세요. 아이스크림을 먹으러 가거나 산책을 할 수도 있고 같이 점심을 먹을 수도 있어요. 그 시간에는 휴대폰을 멀리 두세요. 아이에게 온전히 집중하고 아이가 하려는 말에 귀를 기울여 주세요. 판단하지도 말고 충고하거나 비판하지 마세요. 뭘 하라고 재촉하지도 말고요. 이 모든 행동은 여러분이 아이를 얼마나 사랑하는지 보여 주고 아이가 좀 더 쉽게 회복할 수 있는 기반을 마련해 줍니다.

여러분이 이 책을 읽었고 앞에서 권한 대로 전부 다 했다면, 제 바람은 이제 아이가 이 책의 도움을 받고 따르겠다고 스스로 결정하는 겁니다. 아이가 양호한 상태라면 가장 이상적인 건 이 책을 읽고 잘 적용해서 우울증에서 벗어나고 또다시 우울증에 걸리지 않는 기술을 얻게 되는 겁니다.

아이가 전문적인 도움을 받고 싶어 할 수도 있을 겁니다. 청소년들을 많이 대해 본 전문가와 만나 볼 것을 권해 드립니다. 그리고 많은 의사들이 1~2주 정도의 단기 집중 과정을 제안합니다. 이 방법이 효과적인 것은 외국어를 배울 때 몇 주 동안이라도 그 나라에 가서 언어에 노출되는 것이 일주일에 한 번씩 몇 달 동안 외국어 수업을 듣는 것보다 훨씬 효과가 좋은 것과 같은 원리입니다.

아이가 우울증을 겪고 있고 아무 도움도 바라지 않거나 나아지려는 의지조차 없을 때가 부모님에게는 가장 힘든 때입니다. 지금이 그런 상황이라면 얼마나 힘이 드실까요. 아마 부모가 겪을 수 있는 가장 두렵고 힘든 상황일 겁니다. 만약 이런 상황이라면 여러분은 이제 아이가 좋아하지 않을 행동을 해야 합니다. 바로 '치료'입니다. 이런 상황에서 가장 적합한 방법은 아마 가족 치료일 겁니다. 부모님들은 의도치 않게 아이의 우울증을 악화시키거나 계속 그런 상태로 유지하도록 만들 때가 있습니다. 제가 치료를 담당했던 아이의 부모님 중에는 아이가 축 처질 때는 학교에 보내지 않고 집에만 있게 한다거나 기분이 좋아지게 선물을 주고, 아이가 '아플' 때만 긍정적인 관심을 주는 분들이 있었습니다. 짐작할 수 있겠지만 이런 방법들은 우울증이 지속될 기회를 극적으로 증가시킵니다. 여러분이나 배우자가 이런 상황이라면 관계를 개선하기 위해 가족 치료를 고려해 보시기 바랍니다.

만약 아이가 이 책을 읽는 것과 치료를 거부하고 심각한 상황(등교 거부, 고립감, 자해, 중독 등)에 처해 있다면 '더 높은 수준의 보호'를 생각해 보셔야 합니다. 이 부분은 전문가와의 상담을 통해 신중하게 결정하시기를 바랍니다.

이 책을 진지하게 따르는 것만으로도 아이를 돕는 합리적인 선택이 될 수 있습니다. 우울증이 심각하지 않은 경우라면 더욱 그렇습니다. 인지행동치료를 단기간 받을 수도 있습니다. 인지행동치료는 부정적이고 왜곡되어 있는 인지구조를 깨닫도록 도와주고, 융통성 있는 다른 관점으로 발전시킬 수 있도록 하는 치료법입니다. 인지행동치료를 통해 새로운 인지반응, 새로운 행동반응을 연습할 수 있습니다. 그리고 그 결과로 행동을 더 능동적으로 변화시키고 상황과 현실에 더 적절하게 대처할 수 있도록 함으로써 마음의 문제를 개선할 수 있습니다. 추가적인 도움을 받는 건 부끄러워할 일이 아닙니다. 여러분이 이 책을 구입하고 읽기 위해 시간과 에너지를 쏟았다는 것만으로도 이미 아이를 충분히 아끼고 보살핀다는 걸 보여 줍니다. 부디 이 책이 아이가 회복하는 과정에 함께하기를 바랍니다.

2
잘 자면
우울증이
사라진다

잠과 기분의
연결고리

이번 장을 쓰면서 특별히 더 긴장이 됩니다. 너무 지루해서 여러분이 조는 건 아닐지 걱정되거든요. 아니면 제가 쓰면서 너무 지루해서 잠들지도 모르겠어요. 혹시 '잠'이라는 제목만 보고도 진저리를 쳤던 건 아닌가요.

어쩌면 이런 질문을 하고 싶을 수도 있어요. '이번 주제가 그렇게 지루하다면서 왜 그 얘길 하려고 하는 거예요?' 좋은 질문이에요. 제가 이 주제에 세 장이나 쓰는 이유는 그만큼 우울증과 잠이 깊은 관계가 있기 때문입니다. 과학자들이 계속해서 발견해 내는 사실들을 보면 잠은 학습 능력, 반응 속도, 수행력, 면역력에 영향을 미칠 뿐만 아니라 기분에도 큰 영향을 미칩니다. 많은 청소년들이 우울증을 겪기 전에 오랜 시간 수면 문제를 겪는다는 연구 결과도 있습니다. 1,500명 이상의 청소년들을 연구한 광범위한 지역 연구에서는 우울증을 경험한 청소년의 76%가 그전 해에 수면장애를 겪었다고 합니다. 미국 국립수면재단에 따르면 초등 6학년에서 중등 2학년 사이 학생들 중 59%가 주중에 권장 수면 시간인 8.5~9.5시간보다 적게 잔다고 합니다. 우울증이 오로지 수면 문제 때문에 일어나는 것은 아니지만, 잠을 잘 자는 건 마음의 건강을 지키는 데에 아주 중요한 역할을 합니다.

여러분도 잠을 얼마나 잤는지에 따라 기분이 달라지는 경험을 해 본 적이 있을 거예요. 혹시 없다면 한번 실험해 보세요. 하루나 이틀 밤을 6시간 이하로 자 보는 겁니다. 그런 다음 부모님이 쓰레기를 내다 버리라고 하거나 숙제를 하라고 할 때 어떤 마음이 드는지 보세요. 짐작컨대 평소보다 더 하기 싫은 마음이 들고 까칠할 거예요.

잠을 적게 자면 학교 생활에도 지장이 있을 거예요. 밤늦은 시간까지 자지 않고 있어 본 적이 있나요? 그렇게 지낸 지 오래되었다면 아마 여러분의 성적은 떨어졌을지도 몰라요. 연구에 따르면 학생의 평균 성적은 잠의 양과 직결되어 있다고 해요. 한 연구는 하루 6시간 이하로 자는 대학생의 경우 최소 9시간을 자는 대학생들보다 평균 성적이 낮았다고 보고했습니다. 그러니 '올빼미 생활'을 하는 건 학업에 타격을 줄 수 있어요. 올빼미 친구들은 학교에서만 수행력이 떨어지는 게 아닙니다. 우울감을 많이 느끼고 낮에 정신이 맑지 못하고 잠의 질도 더 낮습니다.

좀 더 쉽게 설명해 볼게요. 수면 부족은 술에 취한 상태와 비슷합니다. 17~19시간 동안 깨어 있을 경우 문법 추론력, 반응 속도, 손과 눈의 협응력, 기억력, 다른 기본적인 운동기능 등이 혈중 알코올 농도 0.05%인 상태와 비슷하거나 이보다 더 떨어집니다. (이 정도로 술을 마시고 운전하면 한국에서는 1년 이하 징역이나 500만 원 이하의 벌금을 부과하고 있습니다.)

저는 수면 부족이 학업 수행력을 떨어뜨릴 뿐만 아니라 우울증을 일으키거나 우울증을 더 악화시키는 경우를 많이 봐 왔습니다. 한 친구를 예로 들어 볼게요. 앤서니는 16살 소년으로 고등학교 내내 성적이 좋았는데 대학에 지원할 때가 되자 성적이 곤두박질치기 시작했고 짜증이 늘었습니다. 주말 내내 집에 틀어박혀 있었고 사람들에게 날카롭게 쏘아붙이는 것이 일이었습니다. 그리고 새벽 3, 4시까지 깨어 있는 날이 많았습니다. 몇 주가 지나지 않아 A, B를 받던 성적은 D, F로 떨어졌고, 사람들 눈을 마주치지 못하고 고개를 푹 숙인 채 다녔습니다.

앤서니의 부모님은 우울증 문제를 빨리 해결하지 못하면 대학에 가지 못할까 봐 무척 걱정하며 저에게 전화를 했어요. 앤서니는 치료를 받겠다는 결정은 하지 않았지만 진단을 위해 저를 만나는 것에는 동의했습니다. 상담을 진행하면서 우울증을 앓고 있다는 게 확실히 드러났습니다. 앤서니에게는 우울증을 유발할 수 있는 요인들이 많았어요. 부모님과의 관계를 포함해서 친구와의 갈등, 그리고 최근에 이성에게 거절당한 일까지 있었거든요.

하지만 제 눈에 가장 도드라졌던 건 앤서니가 거의 매일 밤늦게까지 깨어 있고 주중에는 평균 4~5시간 정도밖에 자지 않는다는 사실이었습니다. 저는 잠을 너무 적게 자는 것이 우울감을 느끼게 하는 주된 요인일 거라고 판단했습니다.

저는 앤서니에게 몹시 돕고 싶다고 이야기하면서 아무리 힘들어도 수면 습관을 바꾸기 위해 기꺼이 노력할 준비가 되어 있어야 한다고 강조했습니다. 앤서니는 망설이다가 몇 가지 변화를 시도해 보고 싶다고 했습니다.

우리는 다음 장에서 여러분께 알려 드릴 몇 가지 방법으로 변화를 시도했습니다. 그러자 하루 4~5시간밖에 자지 못하던 앤서니는 곧 8~9시간이나 잘 수 있게 되었습니다. 일주일 뒤 앤서니의 부모님이 전화를 걸어 왔습니다.

"완전히 딴사람이 된 것 같아요. 짜증도 덜 부리고 농담도 해요. 학교에 다시 흥미를 보이기 시작했고요. 정말 감사해요!"

저는 이 소식을 듣고 너무나 신이 났고 이틀 후에 앤서니를 다시 만났습니다. 부모님의 말씀대로 그는 완전히 달라져 있었어요. 우리가 처음 만났을 때는 상담 시간 내내 고개를 숙이고 있어서 앤서니의 얼굴이 거의 기억나지 않을 정도였습니다. 하지만 그날은 고개를 들고 농담도 했어요. 앤서니는 곧 있을 모의 UN 대회 생각에 신이 나 있었고 학교 과제도 잘 해내고 싶다고 했습니다. 앤서니는 잠에 집중한 이후로 훨씬 안정적이고 행복해진 모습을 보여 주었습니다.

그 이후로도 저는 수면 시간을 조절해 건강해진 청소년들을 많이 보아 왔습니다. 결과가 늘 극적이진 않지만, 매일 밤 8시간 이상 잠을 자는 건 좋은 기분을 유지하는 데 큰 도움이 됩니다.

저는 여러 상담을 진행하면서 우울증 환자가 만성적으로 잠이 부족하면 인지행동치료가 효과가 없다는 것도 알게 되었습니다. 기분과 생각을 바꾸려고 아무리 노력해도 몸이 몹시 피곤한 상태라면 기분이 나아지는 건 대단히 힘든 일입니다.

자, 그럼 오해하지 말고 제 이야기를 들어 주세요. 저는 여러분이 해야할 일이 '잠을 충분히 자는 것'뿐이고 그 위업을 달성하고 나면 모든 문제가 기적처럼 사라지고 남은 삶 동안 오래오래 행복할 거라고 말하는 게 아닙니다. 하지만 충분히 잘 자는 것이 (우울증을 완전히 치료하는 방법은 아닐 수 있지만) 마음과 기분을 건강하게 만드는 필수 조건이라는 것은 확신합니다.

만일 지금 규칙적으로 매일 밤 8시간 이상 충분히 자고 있다면 이번 장은 무시해도 좋습니다. 그렇다면 정말 다행입니다. 저를 포함해 대부분의 사람들은 수면 시간을 확보하는 게 어렵거든요. 특별히 청소년인 여러분의 뇌와 몸은 계속 자라고 있어서 매일 밤 8시간 이상 자면서 충분히 쉬어야 합니다.

매일 밤 8시간 이상 잔다는 게 불가능하게 들릴 수도 있습니다. 그런데 좋은 소식은 여러분이 수면 시간을 확보한다면 우울증이 사라지는 것 말고도 추가적인 이득이 있다는 거예요. 충분히 자면 친구와 가족들에게 부리는 짜증이 줄어들 겁니다. 학교 수업이나 방과 후 활동에도 더 집중할 수 있게 되어 아마 성적도 좋아질 거예요. 배나 머리가 아픈 일도 줄어들걸요? 그리고 운동을 하거나 새로운 것을 배울 에너지가 생기고, 어려운 일이 생기더라도 완전히 무너지지 않고 다시 일어설 수 있을 거예요.

지금 기분이 어떤가요? 수면 습관을 바꾸고 싶은 마음이 솟아나지 않나요? 지금부터는 계속 밤에 늦게까지 깨어 있는 이유들을 생각해 봅시다. 밤 12시가 넘도록 깨어 있게 만드는 이유들이 분명 있을 거예요. 아래에 그 이유들을 적어 보세요.

1 _____

2 _____

_3_

_4_

_5_

_6_

_7_

늦게까지 깨어 있어야 하는 이유를 최소한 두 개는 적었나요?

어떤 결과가 나왔나요? 제가 생각한 것들을 보여 드릴게요.

_1_ 밤늦게까지 하는 재미난 TV 프로그램이 많다.

_2_ 하루 종일 힘들었으니까 긴장을 풀어야 한다.

_3_ 숙제가 너무 많아서 다 끝내려면 늦게까지 깨어 있어야 한다.

_4_ 내일 시험이 있다. 시험을 잘 보려면 늦게까지 공부를 해야 한다.

_5_ 다섯 시간만 자고 다음 날 커피를 마시면 끄떡없다. 그러면 잠을 더 잔 것과 같을 것이다. 그래야 더 많은 일을 끝낼 수 있다.

_6_ 휴대폰으로 볼 수 있는 재미나고 중요한 것들이 정말 많다.

_7_ 기사 하나만 더 봐야지. 지금 피곤하지도 않으니까. 금방 잘 거다.

_8_ 방금 친구가 엄청 웃긴 유튜브 영상을 보내 줬다. 확인해 봐야 한다. 나도 비슷한 영상을 찾아서 보내 줘야지.

9 인스타그램에 사진 몇 개만 올리면 된다. 몇 분이면 돼.

10 카톡이 왔는데 자기 전에 답장을 하지 않으면 예의가 아니다. 카톡 몇 개만 보내야지. 잠깐이면 되니까.

어때요, 남 얘기 같지가 않나요? 저도 이것들 중 몇 가지 때문에 애를 먹고 있습니다. 온라인에는 무시하기 힘든 매혹적인 방해꾼들이 사방에 깔려 있어요. 여기서 좋은 소식은, 여러분은 원하는 시간까지 깨어 있어도 되고 적게 자고 싶으면 그래도 된다는 겁니다. 나쁜 소식은 그렇게 하다 보면 다른 걸 아무리 열심히 해도 계속 불안하고 우울할 거라는 거예요. 모든 건 여러분의 선택에 달려 있습니다.

우리는 학업에 대한 압박을 받는 시대에 살고 있습니다. 과제를 다 끝내고 운동을 하러 가거나 다른 활동을 하고 저녁을 먹은 다음 8시간 이상 잔다는 건 불가능하게 느껴지기까지 합니다. 분명 쉽지 않은 일이에요. 하지만 이제 결정해야 합니다. 늦게까지 깨어 있고 우울감을 느끼면서 집중력이 흐트러지고 뭔가를 마치는 데 시간이 오래 걸리는 게 좋을까요? 아니면 숙제나 휴대폰에 쓰는 시간을 줄여서 수면 시간을 더 확보하고 우울감에서 벗어나는 게 좋을까요? 우리는 매일 밤 이 어려운 결정을 해야 합니다. 그 도전을 시작한 분들에게 존경을 표합니다.

자, 그럼 지금부터는 여러분이 수면 습관을 바꾸고 싶은지, 그렇지 않은지를 알아봅시다. 비용편익분석을 해 볼 거예요. 매일 8시간 이상 자는 것의 장점과 단점을 써 봅시다.

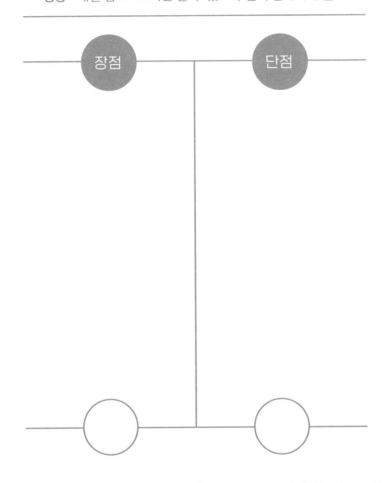

행동 : 매일 밤 8~10시간 잘 수 있도록 일찍 잠자리에 들기

장점   단점

결과가 어떻게 나왔나요? 단점이 50점 이상 나왔다면 여러분은 공식적으로 수면 부족 상태를 유지하겠다고 결정했거나 아니면 제대로 잠을 자려고 노력은 하겠지만 시험을 앞두고 있거나 과제가 많을 때, 혹은 꼭 가고 싶은 콘서트가 있다면 예외를 두겠다는 걸 거예요.

그런 거라면 여러분의 생각을 지지합니다. 그런 선택의 장점은 스스로에게 유연성을 주고 정말 좋아하는 걸 마음껏 할 수 있다는 거죠. 이해합니다. 그런데 한 가지 문제는 그렇게 되면 제가 여러분의 우울증을 고치는 데 도움을 줄 수 없다는 거예요. 저는 잘 자는 것을 우선순위에 두는 사람들만 도울 수 있습니다. 이게 어려운 요구라는 것도, 지금 당장은 여러분에게 맞지 않는다는 것도 알고 있어요. 그러면 수면 시간에 덜 신경 쓰는 사람과 함께 우울증을 고치는 게 좋을 거예요. 좋은 결과가 나오길 바랄게요. 혹시나 그 방법이 원하는 만큼 효과가 없거나 적절한 수면 시간을 지키는 것이 여러분의 최우선 과제가 되는 때가 오면 그땐 주저 없이 다시 이 책을 집어 들면 됩니다.

제가 부탁하고 싶은 건 딱 한 가지입니다. 한 달 동안 매일 8시간 이상 잠을 자지 못할 경우 다음 장으로 넘어가지 마세요. '절반만 걸친' 상태로는 시간만 낭비하게 될 거예요. 그리고 그 뒤에 나오는 장으로도 넘어가지 마세요. 여러분이 충분히 자지 못하면 다른 기술들도 제대로 효과를 보지 못할 겁니다. 그럼 아무 효과가 없어서 짜증이 날 테고 자연스럽게 저에게 화가 나겠죠. 그러면 저는 제 부탁을 무시하고 잠을 통제하지 못한 상태로 계속 책을 읽은 여러분에게 짜증이 날 겁니다. 공평하죠? 우선순위가 바뀌면 언제든 다시 찾아오세요. 전 여기서 기다리고 있을 테고 우리는 다시 시작할 수 있습니다.

혹시 수면 습관을 바꿀 때의 장점 쪽이 더 높은 점수가 나왔거나 잠이 중요하다고 결심하고 다시 돌아온 경우라면, 정말로 환영합니다! 여러분은 지금보다 훨씬 편안해지고 건강해질 수 있습니다. 그 구체적인 방법을 다음 장에서 보여 드릴게요. 그리고 이번 장을 읽으며 졸지 않아 줘서 고마워요! 여러분의 머릿속이 맑아지고 힘이 불끈 솟을 수 있기를 응원합니다. 그럼 이제 다음 장에서 구체적인 수면 전략에 대해 이야기해 봅시다.

전자기기
몰아내기 전략

여기까지 오셨다면, 여러분은 수면 습관을 바꾸고 싶은 의욕이 높아진 상태일 거예요. 많은 사람들은 잠이 부족해서 짜증이 나고 쉽게 화가 나는데 이 결핍만 바로잡으면 많은 것들이 해결돼요. 이번 장의 목표는 여러분께 질 좋은 잠을 충분히 잘 수 있는 실용적인 팁을 알려 드리는 것입니다.

충분히 자기 위해 가장 처음 해야 할 일은 '환경'을 바꾸는 거예요. 잘 쉬려면 일찍 잠자리에 들어서 푹 자야 한다는 것에 대부분의 사람들이 동의할 겁니다. 아침에 알람이 울리기 8~10시간 전에 침실로 들어갔다면 아직 절반밖에 못 온 거예요. 나머지 절반은 금세 잠이 들 수 있는 확실한 분위기를 만드는 거죠.

우리들의 수면을 방해하는 가장 큰 장애물이 뭘까요? 바로 전자기기들입니다. 휴대폰, 노트북, 텔레비전, 컴퓨터, 태블릿이 바로 주범이죠. 우릴 유혹하는 그 녀석들을 거부하기란 쉽지 않아요. 여러분도 아마 유튜브나 넷플릭스 영상 딱 하나만 더 봐야지 하다가 몇 시간이 훌쩍 지나가 버린 경험이 있을 거예요. 페이스북 알람을 확인하려다가 몇 시간이나 추천 영상을 본 적은 없나요? 자기 전에 카톡 하나만 보내야지 했다가 끝도 없이 카톡을 주고받고 있는 자신을 발견한 적도 있을 거고요.

우리는 재미난 쇼 프로그램, 영화, 영상들이 '조금만 더!'라고 외치며 우릴 유혹하는 세상에서 살고 있어요. 그걸 외면하고 잠자리에 드는 건 쉽지 않은 일이에요.

더 심각한 문제는, 우리가 아무리 화면에서 벗어나 잘 준비를 하고 침대에 눕는다고 해도 쉽게 잠이 오지 않는다는 거예요. 특히 잠들기 몇 분 전까지 불빛이 나오는 화면을 봤다면 더 그렇고요. 그 이유는 대부분의 전자기기 화면이 수면 호르몬 물질인 '멜라토닌' 분비에 영향을 미치기 때문입니다.

잠깐만 과학에 빠진 괴짜 같은 소리 좀 할게요. 우리가 진화해 온 시간의 99.999%의 기간 동안 호모사피엔스는 전자기기의 빛에 노출되지 않았고 인간의 24시간 주기 리듬은 대부분 해가 뜨는 시간에 맞추어졌어요. 뇌 속에 있는 솔방울샘이라는 곳에서 멜라토닌을 분비하는데 이 물질 덕분에 우리는 잠에 빠질 수 있습니다. 아침에 해가 우리 몸을 비추면 햇빛이 눈 뒤쪽의 망막을 통과해 시상하부에 있는 시교차상핵에 닿아 솔방울샘에게 멜라토닌 분비를 멈추라고 명령합니다. 그러면 뇌는 '낮이니 일어날 시간이다'라는 정보를 받게 됩니다. 그 정보를 받은 뇌는 멜라토닌을 내보내지 않고 정신이 또렷해지면서 잠에서 깨어나게 되는 거죠. 해가 지면 솔방울샘은 멜라토닌을 다시 분비하기 시작하고 우리는 잠에 빠질 수 있을 정도로 나른해집니다.

이 방식은 전자기기가 발명되고 보급되기 전까지 수백만 년 동안 제대로 작동되어 왔어요. 하지만 오늘날 우리 곁을 지키고 있는 수많은 전자기기에는 밝게 빛나는 LCD, LED 화면이 달려 있고 여기서 나온 빛들이 망막을 통과해 시상하부의 시교차상핵에 닿으면 뇌는 거기에 속아 낮이라고 생각하고 멜라토닌 분비를 멈춥니다. 그러면 몸이 아무리 피곤해도 화면에서 나오는 빛 때문에 계속 깨어 있게 되죠. 혹시 몸이 녹초가 되었는데도 〈왕좌의 게임〉 한 편을 더 보려고 어떻게든 깨어 있어 본 적 있나요? 빛은 여러분의 뇌를 속여 깨어 있을 시간이라고 알려 주고 24시간 주기 리듬을 바꾸어 버립니다.

그렇다면 휴대폰, 텔레비전, 컴퓨터를 보고 난 직후에는 무슨 일이 벌어지는 걸까요? 전자기기를 쓰고 있는 동안에는 솔방울샘이 멜라토닌을 분비하지 않아요. 빛이 사라지고 뇌가 다시 멜라토닌의 양을 늘려 잠이 들게 하기까지는 30~60분이 걸립니다. 물론 화면을 끄고 바로 잠드는 사람들도 있습니다. 진심으로 부럽습니다. 하지만 많은 분들이 그 반대의 증상을 겪고 있죠. 화면을 보고 나서 잠이 드는 데 꽤 시간이 걸린다면 전략이 필요합니다.

저는 우울증으로 고통 받는 분들에게 '전자기기 몰아내기' 전략을 써 보라고 강조합니다. 무조건 전자기기를 없애 버리자는 게 아니니까 너무 신경을 곤두세우지 않아도 됩니다. 제가 권하고 싶은 전략은 밤에 일정 시간을 정해 방 안에 있는 전자기기를 몰아내는 걸 말합니다.

그럼 스스로에게 물어보는 걸로 시작해 보죠. 앞으로 30일 동안 매일 해야 할 모든 일을 제시간에 끝내고 가장 늦게 잘 수 있는 때는 몇 시인가요? 그리고 최대한 늦게 일어날 수 있는 시간은 몇 시인가요? 아침식사 시간(아침밥은 중요하니까요!), 명상을 할 수 있는 15분(이건 곧 다가올 장에서 설명할게요), 양치할 시간, 머리를 말리고 옷 입을 시간은 포함시키면 좋겠어요. 수업이나 일을 하러 나가기 전에 운동을 할 수 있게 15분에서 60분 정도 잡아 둔다면 더욱 좋겠지만 그건 나중에라도 할 수도 있으니 일단 포함하지 않아도 괜찮습니다.

최대한 늦게 일어날 수 있는 시간을 정했고 위에서 말한 것들(기상해서 해야 할 것들)을 전부 할 수 있다면 그 시간에서 뒤로 10시간을 빼 볼게요. 이렇게 해서 나온 시간이 방에서 전자기기를 몰아내야 하는 마지막 시간입니다. 예를 들어 볼게요. 아침에 해야 하는 모든 활동을 하려면 오전 7시 15분에 일어나야 한다고 해 보죠. 그럼 전자기기 몰아내기를 해야 할 시간은 전날 밤 9시 15분이 될 거예요. 이 말은 일단 그 시간이 되면 하던 걸 모두 내려놓고 전자기기를 모두 모아 전원을 끈 다음 잠을 자는 방이 아닌 다른 장소에 가져다 두는 걸 말합니다. 멀리 둘수록 좋아요. 다른 방에 충전기를 가져다 놓고 밤새 충전하세요. 데스크탑 컴퓨터나 텔레비전은 무거우니까 전원 코드만 빼 두세요(물론 전 방 안에 텔레비전을 두지 말라고 강력하게 권합니다). 아침이 되면 모든 기기들을 가져올 수 있습니다. 혹시 휴대폰이 있다면 밤에 전원을 끄기 전에 '비행기 모드'로 설정해 두세요. 이 부분은 명상을 다루는 장에서 설명할 텐데, 아침에 휴대폰을 켰을 때 비행기 모드로 되어 있으면 수도 없이 울리는 알림음에 방해받지 않고 명상 어플을 실행하기가 훨씬 쉬울 거예요.

전자기기를 효과적으로 몰아내기 위해 저는 알람시계를 세 개 정도 맞춰 두는 걸 추천합니다. 전자기기 몰아낼 시간이 되기 20분 전에 첫 번째 알람을 맞춰 놓고 서서히 하던 걸 멈춰야 한다는 신호를 주는 거예요. 두 번째 알람은 5분 전으로 맞춰 놓습니다. 이 알람이 울리면 노트북에 열려 있는 문서를 저장하고, 쓰고 있던 이메일을 저장하고(또는 보내기 버튼을 누르고), 그날 밤 제출해야 하는 과제를 얼른 제출하고, 휴대폰을 비행기 모드로 바꾸고 모든 전자기기들의 전원을 끕니다. 그리고 마지막 알람은 여러분의 '전자기기 몰아내기' 시간에 맞춰 놓습니다. 이 알람이 울리면 모든 기기를 정해 놓은 장소로 가져다 둡니다.

밤에 전자기기들을 방 밖으로 내보내야 하는 이유는 간단합니다. 숙면에 방해가 되기 때문이죠. 자야 할 시간에 휴대폰을 방에 놔둔다면 비행기 모드로 되어 있다고 해도 카톡을 확인하고 싶어서 일반 모드로 바꾸게 될 거예요. 방 안에 전자기기가 있다면 꼭두새벽까지 자고 싶은 생각이 안 들 수도 있어요. 왜냐하면 언제나 유튜브 영상이나 예능 프로그램, 신문 기사를 '딱 하나만 더' 볼 수 있는 상태가 될 테니까요. 그렇게 우리는 잠을 통해 다음 날에 쓸 에너지를 비축하는 대신 소중한 시간을 낭비하게 됩니다.

잠에서 깨기 '10시간 전'에 전자기기들을 밖으로 내보내야 하는 이유는 솔방울샘이 멜라토닌을 분비할 수 있도록 30~60분의 시간을 주기 위해서입니다. 그렇게 하면 여러분은 매일 밤 9시간에서 9시간 반 정도를 잘 수 있게 됩니다. 사람마다 좀 더 많은 혹은 적은 시간이 필요할지도 모르겠어요. 아침에 카페인을 마시지 않고서도 컨디션이 좋다고 느끼려면 몇 시간이 필요한지 체크해 볼 필요가 있습니다.

전자기기 몰아내기 시간을 정했다면 '매일 밤' 해 나가세요. 예외를 두지 마세요. 시험 전날 밤, 중요한 발표 전날, 과제 제출 전날이든 상관없어요. 이유는 이렇습니다. 여러분이 각자 정한 수면 시간을 확실하게 지키기 시작했다고 해 볼게요. 어느 날 밤 정해진 시간이 다 돼 가는데 시험 공부를 마치지 못한 거예요. 그래서 하던 걸 마칠 때까지 시간을 연장하기로 합니다. 겉으로 보면 합당한 것처럼 보이죠. 하지만 이번에 예외를 두게 되면 앞으로 어떤 일이 벌어질까요? 얼마 지나지 않아 거의 매일 밤, 해야 하는 걸 '다 하지 못했으니까'라며 예외를 두게 될 테고 여러분은 다시 늦게까지 깨어 있고 잠을 충분히 잘 수 없게 될 거예요. 일단 한번 예외를 두게 되면 체계가 망가져 버리고 제대로 작동하지 못하게 됩니다. 핵심은 바로 '일관성'입니다.

자, 지금쯤 여러분이 무슨 생각을 하는지 알 것 같아요. 특히 고등학생이라면요.

'매일 밤 9시 15분까지 숙제랑 공부를 마친다고? 말도 안 돼! 당연히 불가능하지.'

맞아요. 학교에서 내 주는 엄청난 양의 숙제를 끝내고 운동, 동아리 활동, 저녁식사, 복습까지 밤 9시에 마무리한다는 건 불가능한 것처럼 들려요. 이제 여러분은 선택을 해야 합니다. 원하는 것을 원하는 만큼 다 하지만 잠이 부족해서 우울한 기분이 들 것이냐, 아니면 할 일을 조절해서 잠을 푹 자고 더 행복해지느냐. 물론 쉬운 결정은 아닙니다. 저도 알아요. 학교 숙제를 그렇게 빨리 마치기 위해서는 여러분이 좋아하는 운동을 포기해야 한다는 뜻이 될 수도 있다는 걸요. 동아리 활동이나 취미를 포기해야 할 수도 있고요. 그리고 그 말은 학교를 마치고 집에 오자마자 숙제를 시작해서 지금보다 시간을 더 쪼개서 효율적으로 써야 한다는 걸 의미합니다. 저녁식사를 하면서 잠깐 쉬고 숙제를 조금 더 한 다음 거의 바로 잠을 자러 가는 거죠. 운이 좋다면 주중 밤에도 약간의 여유 시간이 생기거나 친구와 보낼 시간이 생길지도 모르겠어요. 하지만 아마 여러분이 원하는 만큼 충분하지는 않을 거예요.

이러면 얼마나 좋을까요? 시험 공부나 과제에는 시간을 조금만 쓰고 다른 좋아하는 것들을 하는 데 시간을 많이 쓸 수 있다면 말이죠. 지금보다 더 많은 선택권을 갖고 덜 바쁘게 사는 방식을 선택할 수 있는 때가 곧 옵니다. 그동안 여러분은 충분히 쉬고 건강하고 행복하게 사는 것과 잠을 줄이고 더 많은 일을 하고 우울한 상태로 지내는 것 사이에서 선택해야 할 거예요. 어느 쪽을 선택해도 좋습니다. 다만 매일 밤 8시간 이하로 자고 계속 우울한 채로 있는 걸 선택하고서 그 책임이 저에게 있고 이 책이 효과가 없다는 말은 제발 하지 말아 주세요.

이 책을 읽고 계신 부모님들은 아이가 아침에 일어나기 10시간 전이 언제인지 확인하고, 아이들이 정한 '전자기기 몰아내기 시간'에 동의해 주시길 바랍니다. 만일 아이가 적게 자고도 행복하고 활동에 지장이 없는 운 좋은 상황이라면(아이들이 기분이 좋고 짜증을 적게 내고 피곤해하지 않는다면) 전자기기 몰아내기 시간이 좀 늦더라도 존중해 주세요. 하지만 만일 아이들이 더 적게 자려고 하는데 긍정적인 효과가 나타나지 않는다면 '잠에서 깨기 10시간 전' 규칙으로 다시 돌아가는 게 좋습니다.

부모님들께 권합니다. 아이와 함께 시간을 정했다면 이제 장소를 정하고 아이들에게 직접 전자기기를 매일 가져다 두라고 이야기해 주세요. 전자기기를 두기로 한 시간이 되면 10분 정도 후에 그 장소에 전자기기들이 제대로 있는지 확인해 주세요. 그냥 기기들이 전부 있는지 확인만 해 주세요. 혹시 무언가 긍정적인 보상을 해 줄 생각을 하고 계신가요? 그게 어떤 것이든 이 변화를 어렵게 만들 거예요.

정한 시간 10분 후에 기기들이 있어야 할 장소에 없다면 아이가 시간 안에 무언가를 끝내는 것 혹은 전자기기 몰아내기를 기억하는 데 어려움이 있다는 뜻입니다. 처음 그런 일이 있을 때는 비난하거나 잔소리하지 말고 일단 아이에게 약속한 시간이 언제였는지 다시 알려 주고 스스로 기기를 치울 수 있도록 뒤로 물러나 계세요.

두 번째 그런 일이 생긴다면 아이가 전자기기를 몰아내는 데 도움이 필요하다는 신호입니다. 이건 아이들이 도덕적이지 않거나 게을러서가 아닙니다. 단지 전자기기를 끄거나 숙제를 마무리하는 게 힘들어서 도움이 필요하다는 의미일 뿐입니다. 이런 경우, 부모님께서는 아이들에게 이렇게 말하는 게 좋습니다.

"스스로 하기 어려우면 매일 밤 네 방으로 가서 전자기기들을 빼 줄게. 그게 전자기기 몰아내기에 도움이 될 거야."

중요한 건 '지속성'입니다. 그리고 정확한 시간에 맞춰 가세요. 더 이르거나 늦게도 말고요. 그런 다음 모든 전자기기를 챙겨(텔레비전이나 데스크탑 컴퓨터의 경우 전원 코드를 뽑고) 방을 나와 그날 밤은 여러분의 방에 가지고 가세요. 이때 아이와 상의하거나 논쟁하지 마세요. 대신 아이에게 이렇게 이야기하세요. 알람시계를 여러 개 맞춰 두고 결국 정해진 시간에는 기기들을 몰아내야 할 거라고요. 어떤 이유에서든 부모님이 예외를 만들어 주면 실패하고 맙니다. 시험이나 수능 모의고사, 발표 과제를 준비해야 하는 날에도 예외 없이 정해진 시간에 전자기기를 몰아낼 수 있어야 합니다. 처음엔 당연히 반발심이 생기지만 꾸준히 해 나가면 사그라집니다. 이렇게 한 달을 한 다음 아이가 스스로 기기를 방 밖으로 몰아내고 싶어 한다면 '임시'로 하게 해 주고 상황을 지켜봐 주세요. 혹시 제대로 되지 않는다면 다시 부모님이 도와줄 준비를 하고 계셔야 합니다.

세 개의
알람시계

지금부터 다룰 이야기는 매일 아침 같은 시간에 일어날 수 있게 해 주는 효과적인 방법입니다.

혹시 차이트게버(zeitgeber)에 대해 들어 본 적 있나요? 과학자들은 외부 환경에 시간을 알려 주는 어떤 지시자가 있다고 봐요. 그 지시자가 바로 차이트게버인데, 독일어로 '시간을 제공하는 자'라는 뜻입니다. 차이트게버는 유기체의 생물학적 리듬을 지구의 24시간 주기에 따른 밝고 어두운 주기, 12개월 주기에 맞추어 줍니다. 가장 강력한 차이트게버는 기상 시간입니다. 사실 몇 시에 잠자리에 드느냐보다 매일 같은 시간에 일어나는 것이 24시간 주기 리듬에는 훨씬 중요합니다. 여러분이 우울증을 겪고 있고 기분이 나아지는 게 목표라면 일정한 시간에 일어나는 것은 굉장히 중요합니다. 그렇게 하면 몸이 언제 피곤함을 느끼는지 알 수 있고 꾸준히 지속한다면 더 빨리 잠들고 푹 잘 수 있을 거예요.

제가 청소년들에게 자주 듣는 이야기가 있어요.

"아침에 침대 밖으로 나가기가 힘들어요."

여러분도 그런가요? 아침에 알람 버튼을 끄기 힘든 날이 너무 많거나 아침에 일어나는 시간이 매번 다르다면 이번 장은 여러분을 위한 겁니다.

혹시 매일 아침 같은 시간에 곧장 침대 밖으로 튀어나갈 수 있나요? 굉장하네요. 그런 분이라면 다음 장으로 점프하셔도 됩니다.

여기에 해당사항이 없는 분들을 위해 아침에 침대를 박차고 나올 수 있는 해결책을 준비했습니다. 효과가 굉장히 좋은 방법입니다. 하지만 충분히 자는 것이 중요하게 느껴지지 않고 갈등하는 분에게는 도움이 되지 못할 거예요. 수면 습관을 바꾸고 싶고 그 부분에 대해 진지하게 받아들인다면, 계속 읽어 내려가세요.

그럼 지금부터 저를 잘 따라와 주세요.

첫 번째, 알람시계 세 개를 구합니다. 휴대폰 알람은 안 됩니다. 근사할 필요는 없어요. 정확한 시간에 알람이 울리는 시계면 됩니다. 근처 마트나 인터넷 쇼핑으로 오늘 바로 사는 걸 추천합니다. 몇 가지 선택사항이 있는데요. 첫째, 당장 이 책을 내려놓고 인터넷 쇼핑으로 알람시계 세 개를 주문하고 배송이 될 때까지 하루나 이틀 기다린다. 그런 다음 다시 읽던 곳으로 돌아온다. 둘째, 지금 책 읽는 걸 멈추고 밖으로 나가 마트에서 알람시계 세 개를 사고 이 행동이 여러분이 오늘 해야 할 가장 중요한 치료 숙제라고 여긴다. 거기까지 완료했다면, 오늘은 더 이상 읽지 않아도 괜찮아요.

인터넷으로 알람시계를 주문하거나 마트에서 직접 사기 전까지는 책을 계속 읽어 나가지 말아 주세요. 그리고 다시 이야기하지만 휴대폰은 알람시계로 치지 않습니다. 혹시 이 말을 무시하고 이렇게 생각할 수도 있겠지요.

'지금 당장 그럴 시간이 어디 있어. 이따가 할래.'

'내일 해야겠다.'

'당장 인터넷 쇼핑을 하고 싶진 않은데….'

'알람시계 세 개? 이 사람 좀 이상한 거 아냐? 하나면 충분하잖아.'

아무리 그런 생각이 들더라도 제 부탁을 외면하지 말아 주세요. 책을 더 읽기 전에 알람시계 세 개를 구해 오세요. 이 책은 여러분이 좋아하는 것만 먹고 싫은 건 내버려 둬도 되는 뷔페가 아니에요. 그런 식으로 하면 아마도 효과가 없을 겁니다. 여전히 의욕이 없고 우울할 거예요. 그러니 당장 읽는 걸 멈추고 알람시계 세 개를 사 오거나 인터넷으로 주문하세요.

알람시계를 구해 왔다고요? 정말 잘했어요. 자, 그럼 아래에 매일 아침 몇 시에 일어날지 시간을 적어 주세요. 명상할 시간 15분, 샤워하고 아침 먹고 양치할 시간도 있어야 하고요. 가능하다면 30분에서 60분 사이의 운동 시간도 챙겨 두세요. 아래에 기상 시간을 적어 주세요.

기상 시간 : 오전 _____ 시 _____ 분

이제 알람시계 세 개를 기상 시간에 맞춰 주세요. 모든 시계의 알람 소리를 '가장 크게' 맞춰 놓으세요. 그리고 시계를 방 구석구석에 놓아 주세요. 침대에서 멀수록 좋습니다. 매일 이렇게 하는 겁니다.

아침이 되면 알람시계가 울릴 거예요. 첫 번째 규칙은 스누즈(snooze, 다시 알림) 기능으로 시간을 연장하지 않는 거예요. 만일 그렇게 해 버리면 여러분의 24시간 주기 리듬은 날아가 버리고 많은 일들이 엉망이 될 거예요. 그러니 일어나는 시간을 미루지 마세요. 처음 30일 동안 이 과정을 습관으로 만드는 게 가장 중요해요. 그 이후로는 살짝 긴장을 풀 수 있어요. 하지만 첫 30일 동안은 하루도 빼먹지 말고 지키는 게 중요해요.

알람시계 세 개를 다 껐나요? 그렇다면 곧바로 이불을 정리합니다(다시 이불 속으로 들어가지 못하도록). 그런 다음 '방문을 열고 밖으로 나가세요.' 잠에서 깨고 처음 1~2분이 다시 침대로 돌아갈 수 있는 가장 위험한 순간이기 때문에 방에서 나가는 것이 좋아요.

방에서 나왔으면 정신을 차릴 수 있게 찬물로 세수를 합니다. 그런 다음 이 책의 명상에 대한 장을 읽고 곧바로 명상을 하고 샤워를 합니다. 가장 좋은 건 명상 후에 바로 운동을 하고 샤워를 하는 거지만 그건 여러분이 정하기 나름입니다.

위에서 말한 단계를 잘 따라왔다면 '침대 밖으로 나오기'에 성공한 거예요. 꽤 효과가 좋을 거예요. 여러분 중 90%에게는 이 방법이면 충분할 거예요. 이 방법을 수십 명의 환자들과 시도해 보았는데 결과는 아주 놀라웠습니다.

그래도 일어나지 못한다면 부모님의 도움이 필요할 거예요. 부모님들! 혹시 아이가 매일 아침 '기상 시간'이 됐는데 5분 안에 방에서 나오지 않는다면 도움이 필요하다는 뜻입니다. 도움을 주는 방법에는 두 단계가 있어요. 첫 번째 단계는 아이 방으로 가서 이불을 걷어 내는 겁니다. 이불을 가지고 방 밖으로 나오세요. 아무것도 덮지 않고 누워 있는 건 이불을 덮은 것에 비해 전혀 안락하지 않죠. 대부분의 사람에게는 이 정도면 충분해요. 진짜 심각한 잠보에게는 두 번째 단계의 개입을 해야 합니다. 덮고 있는 이불을 모두 걷고 분무기에 차가운 물을 채우세요. 너무 가까이에서 뿌리면 왕짜증이 날 수 있으니 방에 안개를 자욱하게 채운다고 생각하고 높은 곳에서 물을 분사해 주세요. 잔인하게 들릴 수도 있겠지만 정말 효과적이에요. 하지만 이렇게까지 가는 상황은 드물어요. 부디 여러분이 이런 상황까지 가지 않기를 바랍니다.

다음 장에서는 이 모든 방법을 써도 충분히 잘 수 없을 때 어떻게 해야 할지 방법을 알려 드릴게요. 하지만 대부분의 청소년들은 전자기기 몰아내기, 일어나기 8~10시간 전에 자러 가기, 세 개의 알람시계 전략만으로도 충분히 질 좋은 잠을 잘 수 있습니다. 저는 이렇게 잘 자는 것만으로 일주일 안에 우울증이 완전히 치료된 사례들을 보았습니다.

잠은 마음과 기분에 아주 강력한 영향을 줍니다. 여러분이 차근차근 단계를 밟아 노력해 나가는 모습에 격려의 박수를 보냅니다. 여러분의 관심과 에너지를 사로잡으려고 유혹하는 것들이 사방에 널려 있는데도요. 여러분이 앞으로도 계속 충분히 잘 자고 건강한 마음을 유지할 수 있기를 바랍니다!

잠을

훔쳐 가는

도둑들

　　　　　　　　　이번 장을 책의 맨 끝에 넣을까 말까 고민이 많았습니다. 그 이유는 나중에 설명할게요. 일단 지금은 이 말부터 할게요. 앞에서 추천한 숙면을 도와주는 방법들(세 개의 알람시계, 전자기기 몰아내기, 매일 밤 8~10시간 자기)을 최소 2주 동안 실천하기 전에는 이번 장을 시작하지 않는 게 좋습니다.

　　　이번 장에서는 숙면을 방해하는 가장 흔한 것들이 무언지 알려 주고 그런 것들을 줄이거나 없앨 수 있도록 돕는 것이 목표입니다. 너무 뻔한 '잠 도둑들'도 있지만 어떤 것들은 교묘해서 정체가 헷갈리는 경우가 있습니다. 여러분이 몇 가지 잠 도둑과 함께 있는데도 밤에 곯아떨어지고 잘 쉬었다고 느낀다면 계속 그렇게 하셔도 좋아요! 하지만 계속 피곤하고 기운이 없다면 수면 습관을 바꾸기 위해서 잠 도둑을 몰아내는 걸 추천합니다.

　　　가장 흔한 잠 도둑은 앞에서 말했던 것들입니다. '밤 시간대에 침대에서 너무 적은 시간을 보내는 것, 불규칙한 기상 시간, 자기 전에 화면을 들여 다보는 것' 등이지요.

그다음으로 여러분의 수면을 방해하는 가장 흔한 도둑은 '카페인'입니다. 카페인은 세계에서 가장 인기 있는 약입니다. 일단 카페인은 중추신경 계를 자극하고 심장 박동수를 높이고 특정 혈관을 수축시키고 자극에 민감하게 반응하는 각성 상태로 만듭니다. 카페인이 단순히 '나쁘다'는 게 아닙니다. 지구상의 수십억 명의 사람들이 카페인을 섭취하는 데는 이유가 있습니다. 사람들은 정신이 또렷하고 활기찬 느낌을 좋아하고 카페인은 가벼운 정도의 행복감을 느끼게 해 주거든요.

카페인의 문제는 많은 사람들에게 불면증을 일으킨다는 것입니다. 카페인은 신경 활동을 활발하게 만들기 때문에 섭취량이 많으면 당연히 잠들기 어렵습니다. 카페인 섭취 시간이 잠 잘 시간에 가까울수록 더욱 그렇죠. 또한 카페인에 민감한 사람들에게는 신경과민과 불안감을 일으킬 수도 있습니다.

저는 카페인이 단순히 '나쁘다'고 말하는 게 아니에요. 카페인 음료를 마시고도 잠을 잘 수 있고 불안감을 느끼지 않는다면 문제가 없습니다. 하지만 잠이 드는 데 문제가 있다면 정오가 지나서는 어떤 카페인이든 섭취하지 않는 게 좋습니다. 심지어 아침에 커피를 한 잔 마셨는데 잘 때 뒤척거린다면 그것마저 끊어야 할 수도 있고요. 카페인을 끊는 게 힘든 일이라는 건 저도 잘 알고 있습니다. 하지만 잠을 자지 못해 기분이 처지고 기운이 없는 상태로 계속 지내는 것과 며칠 짜증이 나다가 제대로 잘 수 있게 되는 것 중에서 선택해야 하는 순간이 온다면 어떤 것을 선택해야 할까요?

청소년들의 잠을 훔쳐 가는 또 다른 도둑은 '낮잠'입니다. 낮잠은 건강한 수면을 방해하는 요인입니다. 우리가 보통 생각하는 것과 다르지요. 몇몇 분들은 이렇게 생각할 수 있어요.

'피곤할 땐 낮잠을 자야지. 그럼 하루 전체 수면 시간이 늘어나잖아. 그러니 좋은 거 아냐? 그리고 낮잠을 자면 기분이 상쾌해지잖아.'

낮잠이 건강한 수면을 방해하는 이유는 이렇습니다. 밤에 빨리 잠이 들기 위해서는 높은 수치의 '수면 욕구'(개인의 생물학적 수면 욕구를 측정한 것. 아침에 잠에서 깨면 수면 욕구가 낮아요. 수면 욕구는 낮 시간에 활동을 하면서 차츰 증가하다가 잠이 들면 곧바로 줄어듭니다)가 필요해요. 대부분의 사람들은 낮잠을 자지 않고 활동을 하면 낮 동안 '수면 욕구'가 점차 올라갑니다. 만일 여러분이 좋은 수면 습관을 지키고 있다면 오후 10시쯤 되면 살짝 졸리기 시작해 금세 잠에 빠질 거예요. 하지만 그전에 낮잠을 자면 아무리 낮잠이 기분을 좋게 해 준다 해도 수면 욕구가 낮아져 있어 잠이 드는 데 긴 시간이 걸릴 테고 결국 다음 날 피곤한 상태로 아침을 맞을 거예요. 그러니 낮잠을 자지 않도록 노력해 주세요.

또 다른 덩치 큰 잠 도둑을 알아보죠. 그건 바로 '낮에 깨어 있는 동안 혹은 밤에도 침대에서 자지 않고 다른 걸 하는 것'입니다. 침대에 누워 숙제를 하고 음악을 듣고 카톡을 주고받거나 화상통화를 하는 것들이 다 포함됩니다. 이게 무슨 문제냐고요? 우리 뇌는 특정한 연관성을 맺는 특징이 있는데 이게 굉장히 강력합니다. 예를 들어 어떤 노래를 듣다가 특정 시간이나 사건이 연결돼서 생각이 난 적이 있나요? 이런 연결은 정말 강력하고 끊기가 어렵습니다.

여러분이 침대에 누워 숙제를 하고 문자를 하면 뇌는 침대를 '깨어 있는 상태'와 연결 짓습니다. 여러분이 침대에서 자는 게 아닌 다른 무언가를 할 때마다 그 연관성은 더욱 강해지지요. 그러다 정작 밤에 자려고 침대에 누우면 뇌는 살짝 혼란을 느낍니다. 뇌는 어떻게든 깨어 있으려고 하면서 이렇게 생각하죠.

'여긴 내가 깨어 있을 때 눕는 곳이야.' 그러니 여러분이 아무리 곧바로 스위치를 꺼 버리고 잠에 빠지고 싶어도 잘 되지 않습니다.

반대로 잘 때 말고는 침대에 올라가지 않을 경우, 여러분의 뇌는 침대와 잠을 연결 지어서 베개에 머리를 대면 곧바로 잠에 빠질 확률이 훨씬 높습니다.

또 다른 잠 도둑은 바로 '운동'입니다. 저는 운동의 열렬한 지지자입니다. 특히 기분과 불안 상태를 개선하고 신체 건강을 유지하는 데 유익하다고 생각합니다. 운동을 전혀 하지 않을 경우 밤에 수면 욕구가 낮아지고 결국 빨리 잠들기 힘들어집니다. 이렇게 운동이 중요한데 저는 왜 운동을 잠 도둑이라고 하는 걸까요?

그 이유는 늦은 오후나 밤에 하는 운동이 불면증을 일으킬 수 있기 때문입니다. 격렬한 운동은 여러분의 몸에 중요한 호르몬과 신경전달물질을 분비하게 만들지요. 여기에는 아드레날린과 노르에피네프린도 포함됩니다. 이런 화학물질들은 여러분을 더 기분 좋게 만들고 정신을 또렷하게 만들고 기운이 넘치게 만들어요. 아침이라면 너무 환상적이겠죠.

하지만 밤에 그런 화학물질이 혈관과 뇌를 떠다닌다면 정신이 지나치게 맑아져서 잠들기 어려울 수도 있어요. 카페인처럼 말이죠. 많은 분들이 오후나 저녁에 운동을 많이 하기 때문에 이 패턴을 바꾼다는 건 쉽지 않은 일이에요. 만일 여러분이 저녁 운동을 하고도 여전히 잘 잔다면 계속 그렇게 해도 좋습니다. 하지만 잠이 드는 데 시간이 오래 걸린다면 운동 시간을 낮 시간대나 이른 저녁으로 바꾸는 것을 생각해 보아야 합니다.

다음 잠 도둑은 '담배'입니다. 담배는 강력한 마약입니다. 담배는 인간의 몸에 많은 영향을 끼치는데 각성도(정신이 또렷한 상태)를 높이기도 합니다. 카페인이나 저녁 운동과 마찬가지로 각성도라는 건 양날의 칼과 같습니다. 니코틴은 우리가 잠드는 걸 힘들게 합니다. 만일 담배에 제대로 중독되어 있는 상태라면 정오 이후에는 담배를 피우지 않는 걸 고려해 보세요. 그리고 담배를 완전히 끊는 문제를 의사와 상의한다고 해서 여러분을 비난할 사람은 아무도 없습니다.

마지막으로 이야기할 잠 도둑은 바로 '알코올'입니다. 알코올은 우울증, 걱정, 사회적 불안감을 증폭하는 것 말고도 불면증의 원인이 되기도 합니다. 어떤 면에서는 살짝 혼란스러울 수 있어요. 알코올은 보통 사람들을 쉽게 잠들게 만들거든요. 문제는 바로 '렘수면'(Rapid Eye Movement, 몸은 자고 있지만 뇌는 깨어 있는 상태의 수면)을 방해한다는 것인데 이것은 휴식에 있어 중요한 부분입니다. 뇌는 렘수면을 하는 동안 학습한 것과 기억할 것들을 통합하기 때문에 그 과정이 원활하게 이뤄지지 않을 경우, 그날 낮에 배운 수학방정식이나 과학 지식들이 장기기억저장소로 가는 길을 찾지 못할 수도 있습니다. 특히 지속적으로 알코올을 섭취하는 것은 숙면을 방해하고 비몽사몽하게 만들고 기력을 떨어뜨릴 수 있습니다.

혹시 앞에서 말한 모든 잠 도둑들과 함께하고 있나요? 그렇다면 당장 오늘부터 세 개의 알람시계 전략을 쓰고, 전자기기를 몰아내고, 기상 시간 8~10시간 전에 잠자리에 들어 보세요. 그럼 푹 잘 수 있을 거예요. 대부분은 이 지침만으로도 충분할 거예요.

혹시 위의 방법들을 최소 2주 동안 시도해 봤는데도 여전히 피곤한 소수의 여러분들은 책 맨 뒤에 실어 놓은 부록 페이지로 가서 잠에 관한 다른 문제들을 살펴보세요.

3
마음이
나를 속이고
있다

생각을 바꾸면
일어나는 일들

눈치챘을 수도 있겠지만, 지금까지 우리는 우울증을 치료할 수 있는 몇 가지 '행동'에 대해 이야기했습니다. 같은 시간대에 일어나고 일찍 잠자리에 드는 건 마음과 기분을 개선할 수 있는 '행동'입니다. 이 외에도 우울증을 예방하고 치료할 수 있는 행동 전략들이 많이 있는데 그중 몇 가지를 더 알아보겠습니다.

'생각을 바꾸는 것'도 우울증에서 탈출할 수 있는 방법입니다. 이번 장의 목표는 생각이 기분에 어떻게 영향을 미치는지 알려 주고 생각을 바꾸는 방법들을 배우고 싶은 의욕이 생기게 하는 것입니다.

생각을 바꾸는 데 큰 도움이 되는 것이 바로 '인지치료'입니다. 약간 어렵게 느껴질 수도 있겠지만 이 개념을 기억하고 알아 두면 인생의 많은 어려움들을 해결할 수 있을 거예요. '인지치료'는 나에게 도움이 되지 않는 생각이나 습관, 나를 감시하고 비판하는 왜곡된 시선과 판단을 바꿔서 부정적인 감정에서 벗어나 편안해지게 해 주는 방법입니다. 이 치료가 가치 있는 이유는 우리가 아무리 일찍 일어나고 운동을 하고 명상을 해도 여전히 화가 나고 슬픔을 느끼고 실망할 때가 있기 때문이에요. 또 여러분의 어떤 행동 때문에 죄책감을 느낄 때도 있을 거예요. 그런 상황에서 생각과 인식을 바꿀 수 있다면 마음을 건강하게 만드는 데 매우 유용할 것입니다.

우리가 사건을 어떻게 받아들이고 인식하는지가 마음과 기분에 영향을 끼친다는 건 그리 새로운 개념이 아닙니다. 2000년 전에 에픽테투스라는 그리스 철학자가 살았습니다. 그의 가르침 이전에는 행복을 시시각각 결정하는 것은 사건 그 자체라고 생각했습니다. 보통은 이렇게 생각하죠. 백화점에서 꼭 사고 싶었던 명품을 봤는데 생각보다 엄청 싸다면 그 순간 여러분은 꽤 행복할 거예요. 어느 날 친구가 여러분을 보고 웃음을 보이지 않는다면 슬플지도 모릅니다.

에픽테투스는 수많은 지혜의 말을 남겼는데 그중 하나는 이거예요.

"우리를 고통스럽게 하는 것은 외부 사건 그 자체가 아니라 우리가 그것을 생각하는 방식이고 사건의 중대성에 대한 우리의 해석이다. 문제를 일으키는 건 우리의 태도와 반응이다. 우리는 외부 환경을 바꿀 수 없다. 하지만 그것에 어떻게 대응할지는 언제나 선택할 수 있다."

이것이 인지치료의 기본 전제입니다. 통제할 수 없는 사건들이 수도 없이 많이 일어나지만, 우리는 그런 사건들에 어떻게 반응할지 그 사건들을 어떻게 바라볼지 스스로 선택하고 조절할 수 있습니다. 1950년대에 앨버트 엘리스라는 사람은 에픽테투스의 사상을 전파하고 확장시켜 '합리적 정서 치료'(사람들은 자신과 관련한 사건들을 불합리하게 판단할 수 있는데 이러한 혼란을 일으키는 믿음들을 생각의 변화로 바꾸는 치료법)라는 개념을 정립했습니다. 엘리스는 색채 치료사였는데, 그가 치료 중인 환자 중에 늘 이렇게 말하는 사람들이 있었습니다.

"이렇게 했어야 했는데."

"그런 행동은 하지 말았어야 했는데."

엘리스는 이렇게 조언했습니다.

"이제 자신한테 이러저러한 걸 했어야 했는데, 하지 말았어야 했는데라고 말하지 마세요."

짐작이 가겠지만 이런 조언을 잘 받아들인 사람도 있었고 그렇지 않은 사람도 있었습니다. 그는 과거 행동에 대해 자책하는 것이 얼마나 스스로를 상처 입히는 행동인지를 강조한 선구자 중 한 명이었습니다.

그리고 임상 심리학자인 아론 벡이 1960년대에 '인지치료'라는 개념을 확립했습니다. 그는 엘리스의 이론에 이런 생각을 추가했습니다. 우울증을 겪고 있는 환자들은 '반사적으로 생각'하는 경향이 있는데 대개 부정적인 이 생각들이 '실수'를 포함하고 있어 비현실적이고 부정적인 생각을 이끌어 내는 원인이 된다고 말이지요. 조금 어렵게 느껴질 수 있으니 예를 들어 볼게요. 많은 우울증 환자들은 '선택적 추출'(selective abstraction)이라는 오류를 자주 범하는데 이건 상황의 주된 내용은 무시하고 특정한 일부 정보에만 집중해 전체 의미를 해석하는 것입니다. 즉, 여러분이 어떤 모임에 갔는데 다섯 명과는 즐겁게 대화를 하고 한 명과의 대화는 지루했다면 이렇게 생각하는 거예요. '이 모임 정말 지루하네.' 이건 지루했던 대화 하나에 너무 무게를 둔 것입니다.

데이비드 번즈는 펜실베이니아대학교에서 수년간 아론 벡과 함께 연구한 심리학자입니다. 그는 아론 벡의 사상을 받아들이고 우울증을 일으킬 수 있는 생각의 오류를 추가하고 목록화한 다음 이것을 '인지 왜곡'이라고 불렀습니다. 그는 왜곡된 생각과 싸우는 여러 창의적인 방법을 제안하고 이런 내용을 『필링 굿』이라는 책에 담았습니다. 이 책은 우울증에서 벗어나도록 돕는 구체적인 전략들을 담고 있어서 우울증에 대해 고민하고 있는 분들에게 강력 추천합니다.

어떤 분들은 여전히 사건 자체보다는 사건에 관한 생각이 고통과 행복을 결정한다는 것에 의심이 들지도 모르겠어요. 그렇다면, 아주 단순한 예를 들어 볼게요.

한 가지 가정을 해 볼까요? 여러분이 좋아하는 누군가와 문자를 주고받고 있는데 20분째 답장이 오지 않고 있어요. 문자를 주고받는 걸 '사건'이라고 부를게요. 여러분의 감정과 행동에 영향을 미치는 것을 '사건에 대한 이해'라고 하겠습니다.

두 가지 예를 살펴볼게요. 둘 다 20분 동안 문자로 답을 받지 못한 '사건'이라는 점에서 완전히 똑같습니다.

예시 1 :
이런 생각이 든다고 상상해 보세요.
'지금쯤이면 답장을 보내고도 남았어야 하는 거 아니야? 벌써 20분이나 지났잖아! 혹시 나한테 화가 난 건 아닐까? 이제 나를 좋아하지 않는 걸지도 몰라.'

이런 생각이 든다고 생각하고 지금 느껴지는 기분을 적어 주세요.

1 _____

2 _____

3 _____

4 _____

어떤 결과가 나왔나요? 만약 문자를 받지 못했는데 저런 생각까지 든다면 짜증 나고, 거슬리고, 화가 나고, 분통 터지고, 걱정도 되고, 슬프고, 실망감에 좌절감까지 들 거예요. 우리가 그런 부정적인 생각을 하고 그 생각을 믿기까지 한다면 그런 감정이 느껴지는 게 당연해요. 우린 분명 화가 날 겁니다.

예시 2 :

앞에서와 똑같은 상황이라고 해 봅시다. 여러분이 좋아하는 누군가로부터 20분째 문자의 답이 오지 않고 있어요. 하지만 이번에는 아래와 같은 생각이 들었다고 해 봅시다.

'무슨 일이 생겼나? 이런 적이 없었는데. 급하게 할 일이 생겼나 봐. 아니면 배터리가 나갔던지. 나도 그럴 때가 있으니까. 분명 지금은 바쁜 걸 거야. 나중에 연락하겠지. 신경 쓰지 말고 숙제나 해야겠다.'

여러분이 딱 이런 생각만 했다면 어떤 기분이 들까요? 아래에 적어 봅시다.

1 _____

2 _____

3 _____

4 _____

최소한 두 개를 적기 전에는 다음 장으로 넘어가면 안 돼요! (그리고 모든 감정이 다 부정적인 건 아니에요. 긍정적일 수도 있답니다.)

제가 예시 2처럼 생각했다면 아마 꽤 차분하고 편안한 기분이 들었을 거예요. 답 문자가 오지 않는 것에 약간 실망할 수는 있겠지만 심각한 정도는 아닐 것 같아요. 여러분은 어떤 기분이 들었나요? 아마 예시 2에서 느낀 몇몇 기분들은 첫 번째 예시에서 든 것과는 다를 거예요.

요점은 완전히 똑같은 사건을 경험하더라도 그 사건을 어떻게 생각하고 이해하는지에 따라 완전히 다른 감정을 느낄 수 있다는 겁니다. 저에게 이 사실은 굉장히 흥미롭고 뜻깊은 발견 중 하나입니다. 우리가 살면서 만나는 외부 사건이 똑같더라도 훨씬 더 행복해지는 방향으로 느낄 수 있는 방법이 있다는 거잖아요. 이건 단순한 정신 승리가 아니라 매우 합리적이고 논리적으로 정립되어 온 개념이에요.

여기서 잠깐, 제가 '순수' 인지치료사가 아니라는 걸 확실히 말씀 드릴게요. 저는 '우리의 행복을 결정짓는 건 우리의 생각밖에 없다'고 생각하는 부류는 아니에요. 마음과 기분에 영향을 주는 요소들은 많아요. 예를 들어, 많은 사람들은 배가 고프거나 몸이 아플 때 마음속 생각과는 무관하게 좀 더 짜증이 나고 신경질이 나게 되죠. 계절성 정서 장애(Seasonal Affective Disorder, 특정 계절에 주기적으로 나타나는 정서 장애. 주로 가을이나 겨울처럼 일조량이 줄어드는 계절에 우울 증상이 나타나는 것을 말해요)를 겪는 사람들은 자신의 생각과는 관계없이 날이 추워지거나 비가 오면 우울해집니다. 그리고 세로토닌과 도파민에 일시적인 영향을 줄 수 있는 약들이 있는데 이런 약을 먹으면 처음에는 기분이 좋아지지만 나중에는 곤두박질치게 됩니다. 그런 경우에 그 사람의 기분에 영향을 준 것을 '생각'만이라고 주장하기는 어렵겠죠.

하지만 우리가 건강하게 생활하고(수면과 영양 섭취, 운동, 약물 섭취에 주의를 기울이는 걸 말합니다) 사회적 활동을 한다고 해도 여전히 불행하다고 느끼거나 화가 날 수 있는데, 이런 불만이 생기는 것은 대부분 우리의 생각 때문입니다. 제 삶을 비춰 볼 때 이건 확실합니다. 저는 스스로를 고통스럽게 몰아붙이는 경향이 있습니다. 그래서 마음이 괴롭고 기분이 상할 때가 있어요. 이렇게 먹고 싶은 걸 마음껏 먹을 수 있고 몸도 건강한 데다 몸을 쉴 집도 있는데도요. 그러니 제가 기분이 상하거나 화가 나고 슬픔을 느끼는 건 상황에 대해 제가 생각하는 방식 때문이에요.

제가 여러분께 이런 말을 해 줄 수 있는 사람이라면 얼마나 좋을까요.

'저는 언제든 제 생각을 바꿀 수 있고 제가 깨어 있는 모든 순간 더없

이 행복하고 차분한 상태로 보냅니다.'

이러면 얼마나 좋을까요! 하지만 저도 누구 못지않게 징징거리고 불만을 늘어놓고 쩨쩨하게 굴기도 한답니다.

하지만 다행히 '인지치료'라는 획기적인 방법이 있습니다. 이 전략을 제대로 잘 활용하면 자책감이 들거나 피해자가 된 것처럼 살다가도 삐뚤어진 생각을 하고 있다는 걸 스스로 알아채고 변화시키기 위해 어떻게든 노력할 수 있어요.

오늘 일을 예로 들어 볼게요. 오늘 아침에 이번 장을 쓰려고 책상 앞에 앉았는데 (인정하고 싶지 않지만) 이런 생각이 들었어요.

'오늘 이걸 꼭 써야 할까? 종일 책 읽고 영화나 보고 싶은데. 글 쓰는 건 정말 힘들어. 나를 너무 피곤하게 만들어.' 상상이 되겠지만 그런 다음 저는 슬프고 짜증 나고 의욕이 떨어졌고 스스로에게 실망감이 들었습니다. 이런 감정들은 강력했고 꽤 오래갔습니다.

다행히 저는 알아차릴 수 있었어요. 제가 지금 비현실적인 생각에 사로잡혀 있고 이 생각을 바꿀 수 있다는 걸요. 저는 몇 가지 기술(앞으로 제가 알려 줄 것들이에요)을 썼고 아래의 감정들을 이끌어 냈습니다.

'오늘 글을 두 시간이나 쓸 수 있다니 얼마나 운이 좋은 거야! 겁이 나지만 막상 써 보면 재미있을 거야. 그리고 이 책을 쓰겠다고 한 건 바로 나잖아! 정말 그만두고 싶으면 언제든 그만둘 수도 있어. 하지만 난 이걸 쓰고 싶어. 누군가의 삶을 더 나아지게 만들 수 있는 지식과 기술이 있고 그걸 글로 쓸 수 있다는 건 정말 감사한 일이야.'

이런 생각들은 꽤 설득력이 있습니다. 제 이런 새로운 생각들이 어떻게 느껴지나요? 무슨 생각이 들죠? 여러분의 답을 적어 보세요.

1
_____

2
_____

3
_____

생각을 바꾸고 나서 저는 더욱 차분해지고 편안해졌고 글을 쓰는 게 즐거워지기까지 했습니다. 여러분은 어떤 감정을 느꼈나요? 여기서 핵심은 '글쓰기'라는 사건이 아닙니다. 중요한 건 그 사건에 대한 생각과 인지가 내 감정을 결정한다는 거죠.

'우리의 감정은 사건을 어떻게 받아들이느냐에 달려 있다'는 전제의 예시는 수백 개도 더 들 수 있습니다. 갑자기 비가 오는 것, 시험에서 C를 받은 것, 생일 파티에 초대받지 못한 것, 대학에 떨어진 것, 친구와 싸운 것, 암 진단을 받는 것까지 모든 것들이 사람의 마음에 영향을 미칩니다. 여러분이 사건을 어떻게 이해하고 받아들이느냐에 따라 상당히 다르게 말이지요.

여러분이 지금 무슨 생각을 하고 있는지 한번 맞혀 볼까요?

'잠깐만, 뭐라고? 암 진단? 그걸 어떻게 '좋게' 해석할 수가 있어? 와, 너무 막 나가시네. 보편적으로나 본질적으로 나쁜 것들이 있는데 암은 그중 하나라고요.'

어때요? 비슷했나요? 맞아요. 저는 암 진단마저도 사람들이 그걸 어떻게 바라보는지에 따라 다르게 영향을 줄 수 있다고 주장하고 있습니다. 대부분의 사람은 암을 두려운 것, 끔찍하고 고통스러운 것, 비극적인 것으로 생각하죠. 정말로 그럴 수도 있습니다. 저는 그걸 가볍게 생각하거나 누군가에게 암이 생기길 바라는 게 아니에요. 많은 사람들이 본인, 혹은 사랑하는 사람이 암에 걸려 극심한 고통을 받고 있다는 것도 알고 있습니다.

하지만 생각해 봅시다. 전부 '나쁜' 것일 필요는 없습니다. 제가 정말 좋아하는 심리학자인 어빈 얄롬은 훌륭한 책들을 썼고 암 환자들을 돕는 그룹을 이끌었습니다. 그의 책을 보면, 어떤 환자들은 암의 모든 면을 끔찍하고 무시무시하다고 여겼습니다. 하지만 어떤 환자들에게는 암 진단이 '모닝콜' 같은 거였어요. 어떤 환자들은 암 진단을 받고 자기 직업에 대해 돌아보고 일을 그만둔 뒤 남은 생 동안 자신의 꿈과 열정을 좇았습니다. 또 누군가는 자기 인생에서 소중한 사람들과 더욱 친밀하고 의미 있는 시간을 보내기로 결심하고서 사랑하는 이들과 몇 년 혹은 몇 십 년을 함께하기도 했습니다. 그리고 암 진단을 통해 '시야가 넓어졌다'고 느끼고 '삶에 있어 소소한 것들'에는 신경 쓰지 않게 되거나 아직 시간이 남았을 때 가능한 한 많이 세상을 돕고 생의 의미와 목적을 찾고 싶어 하는 환자들도 있었습니다.

여기서 생각해 봐야 할 건 암 진단이 '좋다' 혹은 '나쁘다'로 말할 수 있는 단순한 사건이 아니라는 거예요. 태풍, 교통체증, 수업, 혹은 여러분의 직업, 부모, 여러분의 몸 그 어느 것이라도 마찬가지입니다. 인간의 뇌는 모든 사물과 사람을 '좋다' 혹은 '나쁘다'로 단순하게 만드는 걸 좋아합니다. 하지만 현실은 이렇게 단순하지가 않아요. 그리고 어떤 사건이나 사람에 대해 한 가지 감정만 느껴지는 경우도 거의 없습니다. 그렇게 느껴진다면 그건 우리 뇌 속의 생각일 뿐이죠.

안 좋은 소식은 여러분이 죽는 그날까지 '자동적으로' 부정적 생각이 떠오를 거라는 거예요. 여러분의 뇌는 재빨리 사건을 인지하고 뭘 하기도 전에 이미 생각을 확장할 거예요. 그리고 최소 몇 초에서 몇 분 동안은 그 생각이 진실 혹은 사실이라고 믿게 될 수도 있어요. 누가 봐도 틀린 거라고 해도 말이지요.

좋은 소식은 우리의 생각을 빨리 바꿔 준다고 증명된 효과적인 전략들이 있다는 겁니다. 이 전략들을 효과적으로 사용하려면 열심히 배워야 합니다. 일단 감정의 모험을 멈추고 자신이 상황을 고통을 일으키는 쪽으로 해석할 수 있다는 걸 알아채야 합니다. 그리고 그 즉시 다른 행동을 하겠다고 결심해야 합니다. 그리고 펜을 꺼내 우리의 생각을 써 내려가는 훈련을 충분히 해야 합니다. 그 과정이 아무리 귀찮고 짜증 나고 거부감이 들고 머릿속으로만 해치우고 싶어도 말이지요!

만일 이 기술을 배워 실행하고 싶다면, 먼저 자신의 상태가 그리 건강하지 않다는 사실을 받아들여야 합니다. 그런 상태에서 머릿속에 떠오르는 부정적인 생각을 지금 바로 써 보세요.

1 _____

2 _____

3 _____

이런 과정을 통해 어떻게 하면 죄책감이나 부끄러움, 열등감과 부족한 기분을 그만 느낄 수 있는지 배울 수 있습니다. 여러분은 다른 사람들과 똑같은 상황 속에서 괴로운 사건을 겪으면서도 더 행복해지는 방법을 배울 수 있어요. 그렇게 되면 여러분은 자신만의 진정한 힘을 지니게 될 겁니다.

부정적인
생각에서
벗어나는 법

혹시 마술쇼를 본 적 있나요? 저는 마술쇼를 좋아하는데요. 어릴 때는 카드 마술이랑 손에서 수건을 빼내는 마술을 좋아했지요. 혹시 속임수를 쓰는 걸 알면서도 속아 본 적은 없나요? 어떤 마술은 너무 감쪽같아서 마술사가 정말로 동전을 사라지게 하거나 내 머릿속 생각을 읽은 것처럼 보이죠.

마술의 속임수는 그야말로 마술이고 재미입니다. 하지만 우리 마음이 부정적인 생각으로 우릴 속인다면 이야기가 달라집니다. 어떤 생각들은 명확하게 사실이 아님에도 마음은 그것이 완전한 진실이라고 우리를 설득합니다. 이 '마음의 속임수'는 열등감, 슬픔, 화를 느끼게 만들고 상처받고 기분이 상하고 걱정하고 분하게 만들죠. 이런 감정은 몇 시간, 며칠, 혹은 몇 주 동안 이어질 수 있습니다. 마음의 속임수는 우리를 우울증에 빠뜨리기도 합니다.

다행히 좋은 소식이 있습니다. 만일 마음이 사용하는 '거래의 속임수'의 정체를 알면 속임수를 꿰뚫어 볼 수 있게 된다는 것입니다. 그러면 그 생각이 거짓임이 드러납니다.

예를 한번 들어 볼게요. 한두 해 전에 제이미라는 친구가 찾아온 적이 있어요. 제이미는 16살이었는데 극심한 불안감에 힘들어하고 있었고 성적도 떨어지기 시작했습니다. 제이미의 부모님과 언니는 굉장히 유능한 사람이었는데 제이미는 자신도 그렇게 살아야 한다고 압박을 느꼈습니다. 제이미는 늘 전 과목 A를 받았는데 이번 학기에는 평균 B를 느꼈습니다. 그는 저에게 몇 가지 부정적인 생각을 털어놓았습니다. 그중에 하나는 이것이었습니다. "저는 나쁜 학생이에요."

이 생각은 제이미를 괴롭혔습니다. 제이미는 그 생각이 100% 진실이라고 믿었어요. 그 결과 자신을 무능하다고 여기고 불안과 우울감, 무력감에 시달렸어요. 우리가 처음으로 한 작업은 이런 생각이 진실처럼 느껴지지만 실은 속임수이며 우리가 어떻게 이것을 사실로 믿게 되는지를 따져 보는 것이었어요.

첫 번째 속임수에 대해서 이야기해 볼게요. 속임수는 '왜곡'이라고 부르기도 해요. 왜곡은 사실과 다르게 해석하는 걸 말하죠. 제이미에게 일어난 첫 번째 왜곡은 '이분법적 사고'라는 것입니다. 이 왜곡 안에는 '검은색이거나 하얀색' 또는 '전부 아니면 아무것도 아니라는' 생각이 내재되어 있습니다. 실제로는 그 '중간 어딘가'인데 말이지요. 제이미는 자신이 생각을 왜곡하고 있다는 걸 알아챘습니다. 그러곤 깨달았죠. 전 과목 A를 받는 학생이 '좋은 학생'이고 낮은 성적을 받은 학생은 '나쁜 학생'인 것처럼 생각했다는 걸요. 제이미는 자신이 1등 그룹에 들지 못했기 때문에 스스로를 '나쁜 학생'이라고 여겼다는 걸 깨달았습니다. 실제로는 아주 많은 '회색'이 존재하고, 제이미는 자신이 완벽해 보이는 학생들과 완전히 실패한 것처럼 보이는 학생들 사이에 존재하는 엄청난 수의 학생들 중 하나라는 사실을 깨닫고 마음이 편해졌습니다.

우리가 이야기를 나누었던 두 번째 속임수는 '낙인 효과'(Labelling effect)입니다. 낙인 효과는 뇌가 어떤 행동을 판단하거나 비판할 때 일어납니다. 이 사례의 경우 '나쁜'이라는 말은 꽤나 강력한 낙인입니다. 그 대신 '난 열심히 노력하는 학생이고 지금은 B등급을 받고 있을 뿐이야'라고 생각했다면 화가 덜 났을 거예요. 제이미는 두 번째 문장이 훨씬 더 정확한 표현이고, 자신의 뇌가 '나쁜'이라는 낙인을 찍으면서 고통을 늘리기만 했다는 사실을 깨달았습니다.

우리가 꼭 기억해야 할 것은 마음이 어떤 방법으로 우리를 속이고 있는지 '아는 것'만으로도 그 생각이 속임수라는 걸 밝히는 데 도움이 된다는 겁니다. 제아무리 진짜처럼 느껴져도 말이지요. 제이미는 네 번 정도 상담을 진행하면서 불안이 거의 사라졌고 더는 상담을 할 필요가 없었습니다. 그리고 올해 편지 한 통을 받았습니다. 제이미는 대학생활을 즐겁게 하고 있었고 저와 함께한 작업에 고마워했습니다. 이처럼 어떤 생각을 조종하는 마음의 속임수를 알아채는 것만으로도 왜곡된 생각이 진짜처럼 느껴지는 정도를 줄일 수 있습니다.

사실 이번 장을 이 책에 넣을지 말지 고민이 많았습니다. 왜냐하면 이런 정보는 데이비드 번즈의 『필링 굿』에도 잘 정리되어 있으니까요. 그럼에도 제가 이 장을 넣은 이유는 여러분이 부정적인 생각 속에 숨어 있는 속임수를 찾아내는 방법을 배울 수 있다면 다른 인지 전략들을 활용하는 게 조금은 더 쉬워지지 않을까 하는 생각에서였습니다. 어떤 생각 안에서 인지 왜곡을 찾아내면 그 생각을 '약하게' 만들 수 있어요.

부정적인 생각이 우리를 속이는 방법을 몇 가지 더 살펴보겠습니다. 그중 하나는 '지나친 일반화'입니다. 쉽게 말하면, 우리가 한두 번의 형편없는 사건을 겪고 나서 미래의 사건 역시 안 좋을 거라고 예상하는 것입니다. 예를 들어, 누군가에게 영화를 보러 가자고 했는데 거절을 당하고서 이렇게 생각하는 거죠.

'다들 나랑 영화 보러 가기 싫은가 봐.'

'앞으로 아무도 내 부탁을 들어주지 않을 거야.'

이런 생각은 진실일까요? 거짓일까요?

그럼 이런 상황은 어떨까요? 여러분이 처음 자전거를 탔던 그 순간으로 돌아가 봅시다. 그 순간을 생각해 보세요. 자전거에 올라타자마자 힘차게 페달을 밟고 신나게 달렸나요? 아마 아닐 거예요. 분명 넘어졌을 거예요. 저도 그랬고요! 그럼 두 번째로 자전거에 올라탔을 때는요? 그때도 넘어졌나요? 그럼 낙담해 있던 어린 시절의 자신으로 돌아가 보세요. 아마 이런 생각을 했을지도 모르겠어요.

'난 절대 자전거를 못 탈 거야!'

'자전거를 탈 때마다 넘어지잖아. 난 영원히 자전거를 못 탈 거야!'

그런데 그 생각이 맞았나요? 물론 아니었을 거예요. 하지만 어린 여러분에게는 진짜처럼 느껴졌을 수도 있지 않을까요? 지금까지의 경험으로 볼 때 자전거를 타려는 노력이 100% 실패로 돌아간 거잖아요. 그럼 '늘 이런 식일 거야'라는 합당해 보이는 결론에 도달하기 쉬워요. 결론이 거짓에 도달했는데 진짜처럼 느껴지고 엄청난 무게의 감정을 불러일으키는 거죠.

안타깝게도 우리의 뇌는 늘 이런 일을 합니다. 취업을 하려고 면접을 보고 떨어지면 이런 생각부터 듭니다.

'아무도 날 뽑아 주지 않을 거야.'

대학에 지원했다 떨어졌다면 이런 생각이 들 수 있을 거예요.

'아무 대학에도 못 들어가겠지.'

여러분은 한두 가지의 정보를 가지고 미래에도 모든 일이 계속 안 좋게 풀릴 거라고 추론하고 있는 겁니다. 이것이 바로 자전거에서 두 번 넘어지고 난 다음 영원히 자전거를 타지 못할 거라고 결론지었던 것과 똑같은 '지나친 일반화'입니다. 그런데 어떤가요? 대부분은 결국 넘어지지 않고 자전거를 타고 있을 거예요. 사실 우리가 익숙하게 잘하게 된 거의 모든 것들은 처음에는 서툴렀을 겁니다. 그리고 무언가를 받아들일 때 많은 경우 처음에는 거부감이 들지요. 그 속임수에서 벗어나는 비밀은 마음이 '지나친 일반화'로 여러분을 속이고 있다는 걸 '알아채는' 것입니다.

다음으로 살펴볼 마음의 속임수는 '*부정적인 것에 집중하기*'라고 부르겠습니다. 아무리 일이 잘 풀리고 바라는 대로 일이 돌아간다고 해도 뇌가 '부정적인 것에 집중'하면 짜증이 나고 화가 나게 됩니다.

셀레나라는 13살 소녀의 이야기를 해 볼게요. 제가 셀레나를 만났을 때 셀레나는 6개월 사귄 남자 친구와 헤어진 직후였어요. 남자 친구는 스케이트보드에 빠져 있었고 소위 잘나간다는 부류에 들어가서 안 좋은 일들에 가담했어요. 그 와중에 헤어지게 된 거죠. 셀레나는 이별의 후유증을 심하게 앓고 있었어요. 그래서 이렇게 생각했지요.

'난 절대로 그 애처럼 멋진 애를 만날 수 없을 거야.'

'그 애 없이 난 행복해질 수 없어.'

'그 애랑 헤어지면서 내 인생은 망가졌어.'

저는 셀레나의 상황이 이해가 되었고 적극적으로 공감했어요. 그리고 과제를 내 주었습니다. 셀레나는 과제를 충실하게 해 나가면서 자신의 슬픔을 줄이고 부정적인 생각에 도전하고 싶어 했습니다. 셀레나에게 일어난 왜곡 중 하나가 '부정적인 것에 집중하기'였어요. 우리는 부정적인 상황을 긍정적으로 보는 연습을 시작했습니다. 이별에는 부정적인 면이 있는 게 사실이고 저는 셀레나가 느꼈던 고통을 외면하려고 하지는 않았습니다. 셀레나도 그런 상황에 긍정적인 부분이 있다는 걸 받아들이기 힘들어했어요.

쉽지 않다는 건 알지만 혹시 여러분도 셀레나의 이별에 구름 뒤에 나타난 빛의 가장자리처럼 희망이 있다고 생각해 볼 순 없을까요?

이별을 겪으면서 만날 수 있는 좋은 점을 두 가지 정도 적어 봅시다.

1 _____

2 _____

3 _____

답을 적었나요? 제가 셀레나와 함께 생각해 본 것들은 이렇습니다.

1 이제 남자 친구가 하루에 몇 시간씩 스케이트보드 타는 걸 지켜볼 필요가 없다. 솔직히 너무 지루했다.
2 남자 친구에게 모든 것을 맞췄는데 이제 좀 자유로워진 느낌이다.
3 늘 남자 친구와 그 애의 친구들과만 어울렸는데 내 친구들이 보고 싶다. 이제는 베프들에게 다시 편하게 연락할 수 있다.

'부정적인 것에만 집중'하고 '긍정적인 부분'을 무시해 왔다는 걸 깨닫는 것만으로도 셀레나의 기분은 한층 나아졌습니다. 그리고 두 달 후, 새로운 이성 친구와 교제를 시작했습니다. 셀레나는 자신이 실연 때문에 그렇게 심하게 낙담하고 부정적인 생각에만 집중했다는 사실을 깨닫고 정말 놀랐다고 합니다.

제롬도 '부정적인 것에 집중'하는 친구였습니다. 그의 인생은 쉽지 않았어요. 제롬의 아버지는 그와 여동생을 때리기 일쑤였고 알코올에 중독되어 매일 밤 맥주를 12병씩 마셨습니다. 아버지가 가족을 버리고 멀리 떠나 버렸을 때 제롬은 7살이었는데 그는 슬픔과 안도감을 동시에 느꼈습니다. 제롬의 아버지는 제롬을 찾아오지도 않고 양육비를 주지도 않았지요. 제롬은 16살에 저를 찾아왔고 우울증으로 고통 받고 있었습니다. 그는 자기가 처한 상황이 우울증을 일으켰다고 이야기했고 자신의 상황을 다른 식으로 볼 생각은 하지 못했습니다. 그의 삶은 분명 힘들었어요. 중고로 산 옷은 다 떨어질 때까지 입어야 했고 언제쯤 아버지가 다시 그를 보러 올지도 알 수 없었습니다. 제롬은 이렇게 생각했어요.

'나한테는 더 괜찮은 아버지가 필요해.'

'나는 살면서 뭔가를 제대로 해 볼 기회가 없었어.'

'아빠가 내 인생을 망쳐 놨어.'

'이 세상에 나를 이해할 수 있는 친구들은 없어. 그 애들의 삶은 나보다 훨씬 쉬우니까.'

제롬이 늘 슬프고 화가 나 있었다는 사실은 그리 놀랍지 않았습니다. 그가 살면서 겪은 일들을 보면 그런 감정을 느낄 수밖에 없었을 거예요. 그런데 진짜 문제는 그게 아니었습니다. 문제는 제롬이 외부의 상황이 바뀌지 않고 그대로 유지되더라도 그 상황을 다르게 해석하고 싶을지, 자기 생각을 바꾸기로 결심했다면 어떤 방법을 쓸 수 있을지였습니다.

결론부터 말씀 드리면 제롬은 다행히 더 행복해졌습니다. 재미있는 것은 그 과정에서 제가 한 일이 거의 없다는 것입니다. 제롬은 한 달간 봉사활동을 하기로 하고 과테말라에 가서 홈스테이를 하면서 현지인들을 위해 화장실 짓는 일을 도왔습니다. 그는 최소한의 음식으로 살아가는 가난한 아이들을 만났습니다. 또 그는 부모 없는 아이들, 또래들과도 친구가 되었습니다. 특히 게릴라가 휘두른 칼에 한 팔이 잘린 남자아이와 시간을 많이 보냈습니다. 그리고 가진 것이 별로 없음에도 행복해 보이는 가족들을 만났고 그들이 깊은 유대감을 맺고 단순한 즐거움에 만족하는 것에 감탄했습니다.

여행에서 돌아왔을 때, 제롬은 달라져 있었습니다. 그의 상황은 이전과 똑같았습니다. 제롬의 아버지는 여전히 그를 찾아오지 않았고 양육비를 보내지도 않았습니다. 아버지를 떠올리면 육체적 학대만 떠올랐습니다. 하지만 제롬은 전에는 보지 못했던, '앞으로 나아갈 길'이라는 봄을 맞이했습니다. 그는 대학에 갈 수 있는 기회가 있다는 게 얼마나 놀라운 일인지 이야기했습니다. 그는 자기를 사랑하고 학대하지 않는 어머니가 있다는 것에 감사함을 느낀다고 했습니다. 이전에는 자기 동네에 총과 칼을 들고 나타나는 게릴라가 없는 것이 당연했지만 이제는 많은 사람들에게 그것이 간절하게 바라는 삶이라는 것을 인정하게 되었습니다. 그는 '부정적인 것에 집중하기'를 멈추었습니다. 그의 마음은 계속 건강한 상태를 유지했고 몇 달 후 저에게 여전히 잘 지내고 있다는 이메일을 보내 왔습니다.

그다음으로 살펴볼 마음의 속임수는 제멋대로 내용을 비약해서 부정적인 결론을 내리는 것입니다. 데이비드 번즈는 이것을 '지나친 비약으로 결론 내리기'라고 불렀습니다. 그리고 이것을 두 가지 왜곡, '점쟁이 오류'와 '독심술의 오류'로 나누었습니다.

'점쟁이 오류'는 어떤 일이 특정한 방향으로 일어날 거라고 예측하는 것입니다. 우리는 앞으로 일어날 일을 정확히 예측할 때도 있습니다. 예를 들어 문손잡이를 당기면 문이 열릴 거라는 예측은 늘 정확히 맞아떨어지죠. 하지만 미래에 대한 우리의 예측은 그냥 예측으로 남을 때가 더 많습니다.

'이번 시험은 완전히 망할 거야.'

'그 애는 나랑 만나 주지 않을 거야.'

'선생님이 곧 나한테 소리를 지르겠지.'

물론 이런 상황이 일어날 가능성이 있는 건 사실이지만 일어나지 않을 거라는 가정도 배제할 수 없죠. 제 말을 그냥 받아들이지 말고 직접 시험해 보세요. 가족 중 누군가가 여러분에게 오늘 밤 어떤 행동을 할지, 다음 번 시험에서 몇 점을 받게 될지 예측해 보세요. 여러분의 예측은 분명 저와 비슷할 거라고 봐요. 형편없을 겁니다! 마찬가지로 자신에게 나쁜 일이 생길 거라는 믿음은 여러분을 불안하게 하고 걱정만 안겨 줄 뿐입니다.

'독심술의 오류'는 또 다른 형태의 마음의 속임수입니다. 우리는 다른 사람이 무슨 생각을 하는지 안다고 생각할 때가 많아요.

'걔가 내 문자를 씹었어. 나한테 화가 난 거야.'

'어제 페이스북에 올린 글에 아무도 '좋아요'를 누르지 않았어. 다들 내 글을 재미없어 하는 거야.'

몇 년 전 일이 기억나네요. 지도 교수님께 이메일로 추천서를 부탁 드린 적이 있어요. 그런데 2주 동안 아무런 답신도 못 받았지요. 전 그분이 절 싫어한다고 생각했고, 어떻게 하면 좀 더 부드럽게 거절하나 고민하고 있을 거라고 확신했습니다.

일주일 후 복도에서 그분을 우연히 마주쳤어요. 저는 분명 제가 추천서를 부탁해서 기분이 상했다고 말씀하실 거라는 생각에 마음을 단단히 먹고 심호흡을 했습니다. 그런데 이렇게 말씀하시더군요.

"이렇게 만나서 정말 다행이야! 이메일 답신 못 해서 미안해. 지금 할 일이 너무 많아서 메일 답신을 하나도 못 하고 있어. 내 생각에 자넨 훌륭한 수석 레지던트가 될 것 같아. 담당자들에게는 이미 이야기를 해 뒀어. 자네가 그 자리에 제격일 거라고."

와우!

우리는 다른 사람들의 생각을 추측하면서 그 추측이 맞을 거라고 생각할 때가 많습니다. 하지만 틀릴 때도 제법 있을걸요? 저같이 훈련받은 치료사들도 그런걸요! 부정적인 생각을 세심히 살펴보면 뇌가 '독심술'을 시도하고 있다는 걸 알 수 있을 거예요. 다른 사람이 이러저러하게 생각할 거라는 생각이 단순히 자신의 '추측'이거나 '예상'이라는 걸 인지하는 것만으로도 마음이 편안해질 수 있습니다.

안 좋은 소식은, 모두에게 완벽하게 적용되는 기술은 없다는 거예요. 마음과 기분이 나아지고 싶다면 여러 방법을 적절히 잘 섞어 활용하는 게 좋습니다. 어떨 때는 그냥 왜곡을 정의하는 것만으로도 그 생각을 완전히 부술 수 있습니다. 부정적인 생각을 조금이라도 '약화'시키는 데 도움이 될 거예요. 확실한 건 '마음의 속임수'를 꿰뚫어 보면 부정적인 생각에 덜 집중할 수 있게 된다는 거예요.

이런 속임수들을 정의하려면 연습이 필요하지만 연습을 할수록 점점 더 익숙해질 겁니다. 뇌가 부정적인 생각으로 스트레스를 주거나 슬프게 하면 그 생각을 종이에 적어 보세요. 위에서 죽 살펴본 생각의 왜곡이 일어난 것은 아닌지 꼼꼼히 검토해 보고, 그렇다면 그 왜곡을 어떻게 바로잡을 수 있을지 생각해 보세요. 왜곡이 부리는 '마법'이 단지 속임수였다는 걸 알아채서 여러분을 흔드는 힘이 사라질 수 있기를 바랍니다.

4

운동,
어디까지
해 봤니?

운동을 하면
기분이
좋아진다고?

운동에 대한 판결은 이미 내려졌습니다. 결과는 명백하고 단호합니다. 그건 바로 운동이 우울증을 치료하는 데 도움이 된다는 것입니다. 많은 연구 자료들이 반복해서 보여 주는 것은 몸을 규칙적으로 움직이고 운동을 하면 기분이 좋아지고 항우울증 약보다 훨씬 효과적일 때도 있다는 것입니다. 그럼 몇몇 연구 결과가 보여 주는 중요한 내용들을 살펴볼까요?

첫째, 유산소 운동은 인지행동치료만큼이나 효과가 좋을 수도 있습니다. 유산소 운동이란 말 그대로 산소가 있는 운동입니다. 운동으로 몸 안에 최대한 많은 산소를 공급해 지방과 탄수화물을 에너지화하여 소모하게 하는 전신운동을 말합니다. 우울증 치료에 관한 39건의 메타 분석은 운동이 우울증 증세 호전에 인지행동치료와 비슷한 효과를 나타낸다는 결과를 보여 주었습니다.

듀크대학교 연구원들의 보고 내용을 보면 16주간 일주일에 세 번씩 유산소 운동을 하고 우울증 약을 복용하거나 운동과 명상을 병행할 경우 우울증 증상을 약화시키는 데 효과적이었다고 합니다. 한 가지 운동을 꾸준히 하는 것도 우울증을 방지해 줍니다. 연구가 끝난 후에도 규칙적으로 운동을 한 사람들은 10개월 후 재평가했을 때 운동을 하지 않은 사람에 비해 우울증에 걸릴 확률이 50%나 낮았습니다. 이후의 연구에서는 우울증의 원인이나 초기 치료를 받았는가와 상관 없이 규칙적으로 운동을 한 사람이 재발 가능성이 가장 낮았다고 합니다.

우울증에 효과적인 운동은 매우 다양합니다. 달리기, 역기 들기, 필라테스, 자전거, 요가, 킥복싱, 스피닝, 에어로빅, 줌바, 암벽 등반, 롤러블레이드, 스노보드 …. 너무 많죠. 혹시 제가 '걷기'를 집어넣지 않았다는 걸 눈치 챘나요? 안타깝게도 아직 걷기는 격렬하고 강도 높은 운동처럼 우울증에 효과가 있다는 연구 결과는 없었습니다. 걷기는 일상에 좋은 보충제가 될 수는 있지만 기분에 확실한 영향을 주는 게 목표라면 강도가 높은 운동을 권합니다.

우울증 치료에 필요한 최적의 운동량은 어느 정도일까요? 연구 자료들에 따르면 일주일에 세 번, 30~45분씩 운동을 하면 긍정적인 효과가 있고, 재발을 방지하려면 일주일에 최소한 90분 정도는 운동을 해야 한다고 합니다. 이런 '고강도' 운동 치료를 할 경우 운동 후 12주 동안 우울증 회복률이 30%에 달했습니다. 이는 운동 시간이 이보다 더 짧고 덜 격렬한 운동 치료가 16%의 회복률을 보인 것에 두 배에 달하는 수치입니다. 여러분은 이런 여러 선택지 중에서 자유롭게 고를 수 있습니다.

규칙적이고 꾸준한 운동(일주일에 5~6일 정도의 운동)은 우울증을 예방하는 데 도움이 될 뿐 아니라 우울증에서 벗어나는 데에도 도움이 됩니다. 30~90분의 규칙적인 운동은 불안을 확실히 줄여 주고 운동을 끝낸 후 그날을 차분하게 보낼 수 있게 도와주는 역할도 합니다.

운동은 비만을 해결하는 데도 큰 도움이 됩니다. 비만은 당뇨병, 심장병, 암, 고혈압, 뇌졸중, 수면 무호흡증을 포함해 많은 신체 문제들의 원인이 되고 있어요. 수면 무호흡증은 우울증의 직접적인 원인이 되기도 합니다. 그렇기 때문에 비만을 해결하면 우울증에 걸릴 확률이 낮아집니다. 운동은 건강한 체중을 얻기 위해서 반드시 필요한 요소이고 우울증에 걸릴 확률도 낮춰 줍니다.

자, 이제 여러분은 하루에 16시간 소파에 누워 있는 것보다 규칙적으로 운동을 하는 게 몸과 마음에 훨씬 더 유익하다는 사실을 받아들였을 거예요. 아마 이번 장을 읽기 전에도 운동이 가치 있고 우울증에 도움이 된다는 걸 알고 있었을지도 몰라요. 문제는 '아는 것'과 우리에게 좋은 걸 '실행에 옮기는 것'이 일치되지 않는다는 거죠. 알고 있는 것만으로 변화를 이룰 수 있는 경우는 거의 없습니다.

지금의 기분과 마음 상태에서 벗어나 조금 더 행복해지고 싶다면 제가 추천하는 이 방법을 꼭 실천해 보시기 바랍니다. 바로 일주일에 5~6일, 30분씩 격렬한 운동이 포함된 자신만의 운동 방법을 개발하는 것입니다. (저는 앞에서 밝힌 연구 결과보다 좀 더 강도 높은 운동을 권합니다.) 이 운동법은 여러분이 건강한 마음을 유지하는 데 꼭 필요하고 중요한 파트너가 될 거예요. 하지만 선택은 여러분의 몫입니다. 수백 만 명의 사람들은 운동을 하지 않기로 선택했답니다. 자, 그럼 지금부터 운동을 하지 않아야 할 이유들을 살펴볼까요?

규칙적으로 운동을 하지 '말아야' 하는 이유를 서너 가지 적어 봅시다. 분명 운동을 하지 않았을 때 유익한 것들이 있을 거예요. 최소한 세 가지를 적어 주세요.

1 _____

2 _____

3 _____

4 _____

5 _____

어떤 답이 나왔나요? 저도 청소년 시절을 회상하면서 운동을 하지 말아야 한다고 생각했던 이유를 몇 가지 적어 봤어요.

1 고등학교 수업은 아침 일찍 시작하는데 운동까지 하려면 더 일찍 일어나야 하고 그럼 너무 피곤할 거야.

2 가끔은 그냥 운동이 하기 싫어. 하기 싫은 걸 억지로 하는 건 몸에도 안 좋을 거야.

3   운동은 힘들어.

4   시험 공부 해야지. 운동할 시간이 어디 있어?

5   밖이 너무 춥잖아.

6   밖이 너무 덥잖아.

7   지금은 그런 생각이 안 들지만 어쩌면 나중에는 운동할 마음이 들 지도 몰라. 그러니 그런 기분이 들 때까지 기다릴래.

8   어젯밤에 늦게 잤어. 지금 잘 수 있을 때 충분히 자 둬야 해.

9   내일부터 할 거야. 뭔가를 새로 시작하기엔 내일이 더 좋을 테니까.

10 지금도 하고 있는 게 너무 많아. 운동까지 할 필요는 없어.

11 낮에 충분히 걸었어. 그거면 충분해.

12 운동을 반드시 할 필요는 없잖아. 난 지금도 충분히 힘들어.

13 운동을 거의 안 하는 친구가 있는데 그 애는 별문제가 없어 보여. 나 도 그 애처럼 할래.

14 지금은 시간이 많지 않아. 지금 잠깐 운동하는 것보다 나중에 여유 있을 때 충분히 할래.

이 중에 여러분의 생각과 겹치는 목록이 있나요? 잠깐만 시간을 내서 운동을 하지 말아야 할 이유를 전부 적어 봅시다.

지금부터는 비용편익분석을 해 볼 거예요. 다음 페이지에 비용편익분석표를 실어 놓았어요. 일단 운동을 하지 않는 것의 장점부터 생각나는 대로 죽 적어 보세요.

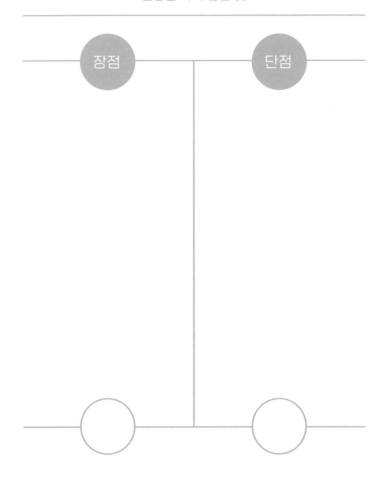

운동을 하지 않는 것

장점

단점

장점 칸을 채워 주세요. 우울증은 생각만으로 벗어날 수 있는 게 아니에요. 힘든 작업과 노력의 과정이 필요합니다. 아무리 그럴 기분이 들지 않더라도 직접 답을 써 내려가다 보면 자신이 진짜 원하는 것이 무엇이고 어떻게 해야 할지 실마리가 보일 거예요.

운동을 하지 않는 것의 장점을 적어 봤나요? 아주 많을 겁니다. 여러분이 규칙적으로 운동을 하기로 결심했든 그렇지 않든 이게 얼마나 힘든 일인지에 대해 현실적으로 보고, 우리가 더욱 신중해지도록 동기를 부여하는 건 가치 있는 일입니다.

자, 이어서 볼 내용은 좀 더 도전의식이 필요할 거예요. 실제로 운동을 했을 때 좋은 이유를 적어 볼게요. 비용편익분석표로 돌아가서 운동을 하지 않는 것의 단점을 채워 주세요. 전 여기서 기다리고 있을게요.

어때요, 어려웠죠? 물론 많은 사람들이 운동이 좋고 중요하다는 걸 '알고'는 있지만 운동의 장점을 여러 가지나 생각해 내는 건 꽤 힘든 일이에요.

이제 비용편익분석표 아래 두 칸에 어떤 항목이 얼마나 더 설득력이 있는지 생각해 보고 점수를 적어 봅시다. 각 항목을 채운 답의 개수에 너무 신경 쓰지 마세요. 그보다 두 항목에 적은 걸 보면서 어느 쪽이 더 강하고 설득력이 있는지 가늠해 보세요. 40/60, 아니면 70/30 정도인가요? 50/50은 안 됩니다. 두 수의 합이 100이 되도록 점수를 적어 주세요.

결정이 쉬울 수도 있고 두 가지가 박빙일 수도 있어요. 어느 쪽이든 우리가 앞으로 어떻게 나아갈지 결정하는 데 이 정보가 유용할 거예요.

'운동하지 않기'의 장점이 더 강하게 느껴지는 경우를 생각해 볼까요? 어쩌면 지금은 여러분의 삶에 운동이 중요하지 않은 시기일 수 있어요. 학교나 일에 완전히 파묻혀 있다고 느낄 수도 있습니다. 어쩌면 우울증이 꽤 심해서 운동이라는 게 너무 많은 노력을 해야 하는 것처럼 느껴질 수도 있고요. 아니면 단순히 시간이 없을 수도 있습니다.

어떤 경우든 다 좋습니다. 규칙적인 운동을 하는 게 가장 중요한 일이 아니라는 의미일 뿐이니까요. 다만 안 좋은 소식은 이런 상황이 계속된다면 계속 우울한 상태에 머물러 있을 수 있다는 거예요. 혹시 여러분이 운동을 하지 않고도 기분이 나아지는 방법을 찾을 수 있다면 그것도 지지합니다. 그럼 정말 좋을 것 같아요. 시간도 많이 절약할 수 있을 거예요. 하지만 저는 그런 경우는 거의 보지 못했습니다. 제가 만난 분들은 기분이 나아지게 하기 위해 꾸준히 강도 높은 운동을 해야 했습니다.

좋은 소식도 있습니다. 앞으로 어느 시점에서든 마음을 바꿀 수 있다는 거예요. 지금 운동을 하지 않기로 결정했다면 이 책을 옆으로 치워 두고 지금 당장은 우울증을 이겨 내는 게 여러분에게 가장 중요한 일이 '아니'라는 걸 인정하길 바랍니다. 다른 것들이 더 중요한 겁니다. 혹시 마음이 바뀐다면 이번 장으로 돌아와 다시 시작해 보기로 해요.

혹시 '운동을 하지 않는 것의 단점' 항목이 더 설득력 있게 나왔다면, 규칙적으로 운동을 하고 마음의 건강을 챙기는 것이 가장 시급하고 먼저 해야 할 일이라고 생각하는 거예요. 안 좋은 소식은 운동을 꾸준히 해 나가는 건 힘든 일이고 피곤하거나 그럴 마음이 들지 않을 때에도 계속해야 한다는 겁니다. 좋은 소식은 제가 다음 장에서 어떻게 하면 꾸준히 운동을 할 수 있고 현실적인 방법을 개발할 수 있는지 보여 줄 거라는 거예요. 저는 확신합니다. 이대로 계속해 나가다 보면 눈에 띌 정도로 편안해지고 생기가 생길 것이고 더 건강해질 거예요.

우울증이
사라지는
운동법

앞 장을 읽고 이번 장으로 곧장 온 거라면 여러분은 규칙적으로 운동을 해야겠다는 의욕이 있는 거예요. 혹시 어떻게 해야 할지 망설이고 있다면(혹은 어떤 이유로 앞 장을 건너뛰었다면), 다시 앞 장으로 돌아가서 꾸준히 운동을 해 나갈 마음이 드는지 확인하고 싶을 수도 있어요. 얼마든지 그렇게 해도 좋습니다.

이미 일주일에 4~5일 동안 최소한 30분씩 운동을 하고 있다면 이번 장은 통째로 넘어가도 좋습니다. 앞 장에서 이야기했듯이 걷기는 해당되지 않아요. 땀이 날 정도로 격렬한 운동을 매주 여러 번 하고 있다면 여러분을 진심으로 격려하고 싶습니다. 혹시 의욕이 꺾이거나 지루해지면 이번 장을 다시 읽기 시작하면 됩니다.

일주일에 4일 이하로, 보통 강도로 운동을 하고 있다면 이번 장은 바로 여러분을 위한 거예요. 무언가를 습관으로 만들 때는 처음 30일이 가장 중요합니다. 매일 반복되는 일상을 바꾸고 조정하는 건 꽤나 힘든 일입니다. 하지만 여러분이 최소 30일 동안 무언가를 꾸준히 할 수 있다면 그 행동은 일상의 한 부분이 될 가능성이 높습니다. 그러니 앞으로 30일 동안 꾸준히 운동을 해 봅시다.

많은 사람들에게 가장 쉬운 방법이자 효과적인 방법은 개인 트레이너와 함께 시작하는 것입니다. 개인 트레이너를 고용할 경우 두 가지 장점이 있습니다. 첫 번째 장점은 '책임감'입니다. 트레이너는 여러분이 정해진 시간에 헬스장에 나타나 운동할 준비가 되어 있을 거라고 생각할 겁니다. 그러니 헬스장에 가지 않으면 여러분은 자기 자신뿐 아니라 트레이너도 실망시키는 거예요. 이것이 운동을 하게 만드는 강력한 동기가 됩니다. 두 번째 장점은 여러분이 개인 트레이닝을 받는 대가로 누군가에게 돈을 지불하면 그 돈의 값어치만큼의 서비스를 이용하고 싶어진다는 거예요. 돈을 창밖으로 던져 버리고 싶은 사람은 거의 없잖아요. 그러니 누군가에게 돈을 지불했다는 사실은 운동을 부추기는 동력이 될 수 있습니다. 물론 트레이너들에게 운동 기구 사용법을 배우고, 부상의 위험을 줄이며 운동하는 방법을 배우는 추가적인 이득도 있습니다. 한두 달 정도 트레이너와 함께 운동을 하는 게 습관이 되면 여러분은 트레이너의 도움을 점점 줄여 가면서 혼자서도 운동을 할 수 있게 될 거예요.

하지만 많은 분들에게는 개인 트레이닝을 받는 것이 부담이 될 거예요. 그렇다면 어느 정도 책임감을 느낄 수 있는 다른 방법들이 있습니다. 예를 들어 저와 함께 상담을 했던 분들은 '달리기 동호회'에 가입해서 일주일에 한두 번 만나 함께 달렸습니다. 이런 모임은 대체로 무료예요. 어떤 분들은 요가, 스피닝, 줌바, 에어로빅 수업에 등록해 수업료를 내면서 운동을 하기도 합니다.

저에게 정말 도움이 됐던 책 중에 레오 바바우타의 『단순함이 너의 모든 것을 바꾼다』가 있습니다. 저자는 새로운 습관을 만들어 갈 때는 바꾸고자 하는 내용을 SNS에 올려 책임감을 높이고 친구들의 독려를 받으라고 합니다. 그리고 친구에게 습관 만들기가 어떻게 되어 가고 있는지 정기적으로 보고하는 방법도 권했습니다.

어떤 분들은 크로스핏(여러 종류의 운동을 섞어 단기간에 고강도로 행하는 운동 방법)을 아주 좋아합니다. 크로스핏은 칼로리를 급격하게 태워 주고 여러 사람들과 함께하기 때문에 유대감을 경험할 수 있어서 운동을 하다 보면 자연스럽게 기분이 나아질 수 있습니다.

마지막으로 권하고 싶은 운동은 비용이 적게 들면서도 함께 운동할 파트너가 있다는 점에서 책임감이 생길 수 있습니다. 친구와 운동 약속을 하고 두 사람이 함께 지켜 나가는 겁니다. 이 방법의 유일한 단점은 상대방의 의욕에 따라 지속이 될 수도 있고 안 될 수도 있다는 거예요. 하지만 서로 독려하면서 꾸준히 할 수만 있다면 충분히 해 볼 만한 방법입니다.

의욕이 넘치는 분들은 혼자서 운동하는 것도 가능합니다. 이 방법은 가장 자유롭고 독립적이지만 책임감이 결여될 가능성이 높아요. 일주일에 하루나 이틀 정도 이 방법을 시도해 보면서 제대로 되어 가는지 지켜보세요. 요즘 운동량을 체크할 수 있는 어플들이 많이 나와 있으니 활용해 보셔도 좋겠습니다. 그러다 혼자서 운동하는 게 쉽지 않다면 책임감을 높이기 위해 앞에서 이야기했던 다양한 방법을 시도해 보세요. 그렇게 한두 달 습관을 들인 다음 다른 방법을 서서히 줄이면서 혼자서 운동하는 시간을 늘려 가세요.

이제 스스로에게 질문을 던져 봅시다. 어느 시간대에 운동을 할 것인가? 다양한 시간대가 가능하겠지요. 어떤 분들은 오후 시간, 학교나 일을 마치고 운동하는 걸 좋아합니다. 이때 운동을 하면 아침에 일찍 일어날 필요가 없고, 학생이라면 공부를 마친 후에 운동을 하며 잠시 쉴 수 있다는 장점이 있을 거예요.

다만 오후에 운동을 할 때 우려되는 부분은 앞에서도 이야기했듯이 밤에 잠드는 게 어려워질 수 있다는 겁니다. 운동을 하면 뇌에서 아드레날린과 노르에피네프린을 포함한 여러 가지 호르몬과 신경전달물질이 많이 분비됩니다. 이런 화학물질들은 정신을 또렷하게 하고 활기가 돌게 해서 잠에서 깨게 해 주죠. 아침이라면 더없이 좋을 거예요. 하지만 침대에 누워 이리저리 뒤척거리며 얼른 잠이 오면 좋겠다고 바라는 상황은 그리 달갑지 않죠. 여러분이 20분 안에 자연스럽게 잠이 들 수 있는 경우에만 오후나 저녁 운동을 하길 권해요. 오후 늦게 운동을 하고 있는데 잠이 드는 데 오래 걸린다면, 운동 시간을 아침으로 옮겨 보세요.

아침 운동을 권하는 데는 여러 가지 이유가 있습니다. 우선 아침 운동은 '부정적인 생각'이 아닌 다른 무언가에 집중할 수 있는 아주 훌륭한 방법이기 때문이에요.

운동을 격렬하게 하다 보면 다른 걸 걱정할 시간이 줄어들 거예요. 학교나 일, 여러분이 좋아하는 여자나 남자, 또는 누가 문자에 답을 했는지 안

했는지에 대한 고민들 말이에요. 운동을 하다 보면 다음 30초를 어떻게 견뎌야 할지를 생각하느라 정신이 없을 거예요. 이런 이유 때문에 다른 시간대보다 아침 시간대에 운동을 하는 것이 좋습니다. 하루의 시작부터 부정적인 생각의 흐름을 끊을 수 있으니까요. 뭔가를 고민하는 대신 몸을 움직일 수 있는 기회가 생기는 겁니다. 저를 찾아온 환자들 중에도 걱정만 하며 그냥 가만히 앉아서 시간을 보내는 분들이 많았습니다. 이런 분들에게는 몸을 움직일 수 있도록 도움을 주는 것이 효과가 있었어요. 최대한 빨리 침대에서 벗어나 무언가를 하는 것은 대체로 긍정적인 효과가 있습니다.

아침 운동의 또 다른 장점은 몸의 에너지가 상승된다는 점이에요. 격렬하게 운동을 하면 처음에는 살짝 피곤하지만 시간이 흐를수록 정신이 더 맑아지고 깨어나는 느낌을 받게 돼요.

우울증은 사람을 무기력하고 늘어지고 피곤하게 만들어요. 그러니 에너지가 샘솟는 일을 하면 기분도 훨씬 좋아집니다. 오후에 운동을 하면 아침 시간을 잘 보내는 게 힘들 수도 있어요. 그리고 운동을 하고 나서 누릴 수 있는 좋은 점들이 잠자기 전까지밖에 지속되지 않고요. 몸을 움직이면서 하루를 시작하면 그 좋은 점들을 누릴 수 있는 시간이 길어집니다.

다른 장점을 더 살펴볼게요. 사람들은 다른 시간대보다 아침 6시에 여러분을 덜 찾을 거예요. 다른 사람보다 빨리 일어나면 평화롭게 자신만의 일을 할 수가 있고 사람들의 요청이나 잔소리에서 자유로울 수 있습니다.

아침 운동을 권하는 마지막 이유는 성취감을 느끼며 하루를 시작할 수 있기 때문이에요. 아침 일찍 침대를 빠져나와 몸을 움직인다는 것은 쉬운 일이 아니에요. 그렇기 때문에 따뜻하고 편안한 침대에 좀 더 오래 누워 있고 싶다는 유혹을 물리치게 되면 스스로를 위해 긍정적인 무언가를 했다는 자부심을 느끼게 될 겁니다. 저는 오늘 아침 6시에 일어나 운동을 했어요. 아침 8시에 집을 나섰을 때는 성공적으로 하루를 시작했다는 생각에 오늘에 대한 좋은 기대감이 차올랐어요.

미국의 윌리엄 맥레이븐 제독의 이야기를 들어 본 적이 있나요? 그는 "세상을 바꾸고 싶다면, 침대부터 정리하십시오!"라는 명언을 남겼습니다. 아침에 일어나 침대나 이불부터 정리하는 것은 하루의 시작을 성취감으로 채우는 또 다른 방법입니다. 그러니 아침에 일어나자마자 침대부터 정리해 보세요. 그의 이야기를 좀 더 들려 드릴게요. "그 무엇도 인간의 신념이 주는 힘과 위안을 대체할 수는 없지만, 때로는 침대를 정리하는 단순한 행위 하나가 우리를 일으켜 세워 주고, 하루를 제대로 끝낼 수 있다는 만족감을 선사해 줄 수 있다."

운동 이야기로 다시 돌아갈게요. 아침 운동이 가장 힘들 거라고 생각되는 건 고등학생들입니다. 저는 정규 수업 전, 8시에 시작하는 0교시 수업이 인류 역사상 최악의 발명품이라고 생각합니다. 고등학생들에게 충분히 잠을 자고 하루 종일 수업을 듣고 몇 시간씩 숙제를 하고 좋은 대학에 가기 위해 운동과 교외 활동까지 충분히 해내길 바라면서 아침 8시에 수업을 시작한다는 건 끔찍한 일입니다. 터무니없는 일이에요. 저는 아침 9시도 과하다고 생각하지만 이 문제에 대해서는 발언권이 없으니 더 이상은 이야기하지 않겠습니다. 저는 여러분이 규칙적인 운동, 특히 아침 운동을 한다는 것이 얼마나 비현실적인 일인지 잘 알고 있고 공감하고 있습니다.

그럼에도 아침 운동은 꼭 한번 시도해 보라고 권하고 싶어요. 혹시 여러분이 고등학생이고 정말로 부지런하다면 말도 안 되게 일찍(밤 9시 정도) 잠자리에 드는 것도 생각해 볼 수 있어요. 그게 적응이 되면 아침 5시 45분 ~6시에 일어나 잠깐 명상을 하고 아침을 먹고 30분 동안 운동을 하는 거죠. 제가 상담하는 환자들은 이 과정을 잘 해내고 있습니다. 물론 이게 과한 요구라는 건 알고 있어요. 이 방법이 여러분에게 너무 어렵다면 방과 후에라도 운동을 하기를 권합니다. 방과 후에 한두 가지 운동을 하고도 빨리 잠들 수 있다면 이 방법이 여러분에게는 최선이 될 거예요.

중고등학생이 아닌 분들의 경우 아침 활동을 하는 데 더 많은 선택지가 있을 거예요. 여러분이 대학생이라면 오전 9시 혹은 10시 이후에 수업을 듣는 것을 고려해 보세요. 그러면 수업 전에 명상과 운동을 할 충분한 시간을 마련할 수 있습니다.

큰일을 해낸 다음 일주일 뒤 에너지가 바닥나는 것보다 작은 일을 시작하고 작게라도 성공하는 게 더 낫습니다. 아직 헬스장에 가 본 적이 없거나 몇 년 동안 조깅을 해 본 적이 없다면 처음부터 일주일에 여섯 번, 하루에 90분씩 운동을 하지는 마세요. 너무 과합니다. 처음 몇 주 동안은 일주일에 두 번 정도로 시작하세요. 오전 7시 정도에 일어나 30분 안팎으로 운동을 시작해 보세요. 어떻게든 움직이는 것이 가만히 앉아 있는 것보다 건강에 좋습니다.

혹시 불규칙하게 운동을 하고 있는데 좀 더 꾸준히 하고 싶다면 일주일에 3일, 30~60분씩 운동하는 것을 목표로 삼을 수 있습니다. 주당 운동 횟수를 천천히 높이는 데 집중하세요. 성급히 횟수를 높이다 그만두는 것보다 첫 한 달은 주 3회, 다음 달엔 주 4회, 그다음 달엔 주 5회로 늘려 가는 게 좋습니다. 혹시 지금도 주 3, 4회 운동을 하고 있나요? 그렇다면 횟수를 주 5, 6회로 늘릴 수 있는지 시도해 보세요.

지금의 운동 방법이 지루하다면 새로운 프로그램을 추가해 보는 것도 좋습니다. 킥복싱이나 요가에 도전해 볼 수도 있어요. 꼭 돈 내고 수업을 듣지 않아도 유튜브 동영상으로 혼자 배울 수 있어요. 달리기 기록 목표를 정해서 도전해 볼 수도 있답니다. 이 과정을 SNS에 올려서 친구들의 격려를 받는 것도 좋은 방법입니다.

이미 최소 주 5, 6회 운동을 하는 분도 계실 거예요. 아마 여러분은 꾸준히 몸을 움직이는 게 신체 건강에 도움이 될 뿐 아니라 기분에도 도움이 된다는 걸 알게 됐을 거예요.

운동 계획을 세우고 있다면 천천히 시작하고 스스로에게 부드럽게 대해 주세요. 운동을 하지 못하게 유혹하는 것들은 수도 없이 많겠지만 일단 운동을 시작해 보세요. 하다 보면 몸과 마음이 건강한 쪽으로 바뀌고 있다는 걸 알게 될 거예요.

기억해 두세요. 좋은 습관을 만들기 위해서는 처음 30일이 가장 중요합니다. 일단 30일 동안은 운동하는 데 집중하세요. 그다음은 알아서 굴러갈 거예요. 여러분은 할 수 있습니다!

5
내 마음을
들여다보는
연습

'반드시'와 '당연히'의 문제에 대하여

　　지금부터 조금은 대담한 주장을 해 보려고 합니다. 이 주장은 살 집이 있고 음식과 물을 원하는 때에 쉽게 구할 수 있는 분들에게만 해당이 돼요. 만일 여러분이 이 범주에 들어간다면, 여러분이 경험하는 고통의 약 95%는 '반드시 ~해야만 한다'는 생각 때문에 일어납니다.

　　여러분이 고통스러운 건 교통 체증이나 날씨, 가족 문제 때문이 아니에요. 여러분은 '반드시 ~해야만 한다'라는 생각 때문에 고통 받고 있습니다. 지금부터 제가 왜 그렇게 생각하는지, 어떻게 하면 이 고통을 줄일 수 있는지 알려 드릴게요.

　　'반드시 ~해야만 한다'는 문장은 여러 형태로 변형이 가능합니다. 대부분이 우리를 둘러싼 사람들과 세상에 대한 것이죠.

우리 선생님은 숙제를 더 적게 내 주셔야 돼.

부모님은 날 좀 내버려 둬야 해.

우리 언니(오빠/동생)는 날 귀찮게 하지 말아야 해.

난 더 좋은 노트북이 있어야만 해.

우리 자신이나 스스로의 행동에 관한 것도 있습니다.

난 지금보다 더 똑똑해져야만 해.

이렇게 게으르면 안 되고 부지런하게 살아야만 해.

피부가 더 깨끗해야 돼.

어제 그 문자를 보내지 말았어야 해.

'반드시 ~해야만 한다'라는 생각에는 많은 문제가 있지만, 가장 큰 문제는 그 생각을 할 때마다 부정적인 감정을 경험한다는 거예요. 화, 실망, 불만, 억울함, 슬픔을 복합적으로 느끼게 됩니다. 제가 하는 말을 그냥 받아들이지 말고 지금 직접 확인해 봅시다.

우선 어떤 감정이나 느낌이 주어지든 0에서 100% 사이의 수치로 경험할 수 있다고 상상해 보세요. 100%는 이 감정이 압도적으로 강하고 그 감정을 가장 격하게 느낄 수 있는 정도라고 보면 됩니다. 0%는 '전혀 아님'을 의미합니다. 다음 페이지에 '지금' 느껴지는 감정의 정도를 적어 보세요. 0에서 100% 사이에서 어느 정도로 느껴지나요?

화남 : _____ %

분함 : _____ %

실망 : _____ %

불만 : _____ %

슬픔 : _____ %

다 적었나요? 그럼 지금 '반드시 ~해야만 한다'고 생각하는 문장을 적어 보세요. 여러분 자신이나 다른 사람들, 세상에 대한 것, 복합적인 것도 좋습니다.

1 _____

2 _____

3 _____

4 _____

자, 이제 여러분의 감정을 다시 살펴볼게요. 눈을 감고 각각의 감정이 얼마나 강하게 느껴지는지 생각해 보세요. 이제 답을 적어 볼까요?

화남 : _____ %

분함 : _____ %

실망 : _____ %

불만 : _____ %

슬픔 : _____ %

'반드시 ~해야만 한다'라는 문장들을 쓰기 전과 후의 감정들이 어떻게 다른지 비교해 보세요. 대부분의 사람들이 '반드시 ~해야만 한다'라는 문장을 생각해 보기 전보다 후에 기분이 더 언짢아집니다. 이건 잘 짚어 봐야 할 문제입니다. 우리가 '반드시 ~해야만 한다'는 표현을 많이 쓰는 걸 생각하면 특히 더 그렇습니다.

'반드시 ~해야 한다'라는 말을 굳게 믿을수록 그 말에 더 많이 신경을 쓰게 되고 기분이 더 나빠집니다. 이것은 우리가 세상을 있는 그대로, 우리 자신을 있는 그대로 받아들이지 않는다는 것을 보여 줍니다. 우리는 현실이 지금의 모습과 다르기를 원합니다. 그런 다음 고통을 받죠.

칼이라는 사람의 이야기를 해 볼게요. 칼은 하버드대학교를 나왔고 예일대학교에서 박사 학위를 땄습니다. 그리고 마이크로소프트사에 입사해서 탄탄대로를 달렸지요. 거기서 퇴사한 후에도 별걱정이 없었어요. 그는 요트 레이서가 되었고 활강스키 경주에서도 우승했습니다. 그는 친구가 많았고 멋진 여자 친구도 있었으며 해외에서 자주 휴가를 보냈고 장래가 촉망되는 회사를 창업했습니다.

칼의 인생은 완벽해 보였어요. 하지만 그는 낮은 자존감 문제로 힘들어했고 우울감은 계속 커졌습니다. 그는 자신에 대해 이렇게 생각했어요.

더 성공해야 하는데.

더 똑똑해져야 돼.

아직 충분히 성공한 게 아니야.

여러분은 어떻게 생각하나요? 칼이 충분히 똑똑하지 못한 게 문제인가요, 그가 더 성공해야 한다고 강박을 느끼는 게 문제인가요? 만일 상을 하나 더 받고 회사가 더 잘된다면 그가 행복해질까요? 아니요! 칼은 제가 만난 환자 중에서 가장 성공한 사람이었어요. 저는 그가 자신을 질책하고 무능하다고 여기는 모습을 보는 게 힘들었습니다.

문제는 '반드시 ~해야만 한다'고 믿는 그의 생각이었어요. 칼과 상담할 때 제 목표는 그가 지금의 자기 자신을 그대로 받아들이는 것이었어요. 지금보다 '더' 잘하라거나 지금의 모습을 버리라고 요구하는 대신에요.

칼의 이야기, 어디서 들어 본 것 같지 않나요? 많은 사람들이 칼과 비슷한 어려움을 겪고 있습니다. 문제는 우리가 무능하고 게으르고 멍청한 것이 아닙니다. 진짜 문제는 '우리가 자신과 세상에 아주 높은 기준을 세워 두고 자신에게 실망을 한다'는 거예요. 지금 여러분은 이런 생각을 할 수도 있어요.

'전 칼 아저씨랑은 달라요. 제 인생은 훨씬 더 엉망진창이라고요. 제 문제는 '반드시 ~해야만 한다'는 생각이 아니라 제 인생이 끔찍하고 절대 나아지지 않을 거라는 사실 그 자체예요. 저는 요트는커녕 자전거 살 돈도 없거든요. 그리고 인생 쉽게 사는 선생님의 부자 환자들 이야기는 이제 질렸어요.'

그렇게 생각하고 있다면, 지나의 이야기를 해 드릴게요. 지나의 어머니는 조울증을 앓고 있는데 자신의 상황을 받아들이지 못하고 부정했습니다. 어머니는 심각한 감정기복에 시달렸고 아무 이유 없이 지나에게 소리를 질렀어요. 지나는 한쪽 귀가 들리지 않는 상태여서 고도가 갑자기 높아지는 곳에 가면 다른 쪽 고막이 터져 버려 양쪽 귀가 모두 멀 수도 있는 상황이었어요. 앞으로 평생 비행기를 탈 수 없다는 뜻이기도 합니다. 그리고 지나는 아버지를 한 번도 본 적이 없어요. 학교 수업이 끝나면 식당에서 일을 했고 주말에는 어머니의 일을 도왔습니다. 친구들과의 관계도 그리 좋지 못했습니다. 친구들이 자신을 완전히 이해하지 못하고 있다는 생각이 들었거든요.

지나를 만났을 때는 지난 일 년 내내 비참함과 우울함을 겪고 난 뒤였습니다. 지나에게도 '반드시 ~해야만 한다'는 명제가 정말 많았어요.

몸에 문제가 생기면 안 돼.
엄마는 자기 스스로를 돌봐야 해.
나는 일을 너무 열심히 하면 안 돼.
나한테도 아빠가 있어야 하는데.

이런 생각들이 지나를 우울하게 만들었습니다. 지나가 얼마나 힘들지 느껴졌어요. 지금 누리는 걸 얻기 위해 얼마나 애를 써야 했는지도요. 우리는 '반드시 ~해야만 한다'는 생각과 우울증을 계속 안고 있는 것의 비용편익분석을 했고 지나는 지금처럼 생각하는 게 아무 가치가 없다는 결론을 내렸습니다. 지나는 한 달이 지나지 않아 기분이 아주 많이 나아졌습니다. 놀라운 건 엄마의 상태는 여전했고 경제적인 문제나 건강 문제도 전혀 해결되지 않았다는 거예요. 그럼에도 지나는 행복감을 느꼈고 삶에 대해 긍정하기 시작했습니다. 참, 지나는 자신을 이해하고 가치를 알아주는 친구들도 사귀었습니다. 지난주에 지나가 문자를 보내 왔습니다. 가장 가고 싶었던 대학에 붙었다고요. 그럼 지나가 어떻게 생각을 바꿨는지 한번 살펴볼게요.

'반드시 ~해야만 한다'는 명제를 '비판'할 때 주의해야 할 점은 그 명제를 믿을 때 두 가지 장점이 생길 수 있다는 겁니다. 하나는 '반드시 ~ 해야만 한다'고 생각한다는 건 우리가 삶에 대해 높은 기준을 세우고 있다는 걸 보여 줍니다. 이것은 우리를 앞으로 나아가게 하는 동력이 됩니다. '난 공부를 더 많이 해야 돼'라고 생각하는 건 성적에 대해 높은 기준을 세우고 있다는 걸 보여 주죠. 또는 '전쟁은 일어나서는 안 돼'라고 생각하면서 분노한다면 평화가 깨지는 것에 대해 염려하고 있다는 것이고, 그 분노는 세상이 갖추어야 할 모습에 높은 기준을 세우고 있다는 증거입니다. 대부분의 사람들은 높은 기준을 가진 자신을 자랑스러워하고 그 기준을 낮추고 싶어 하지 않습니다.

'반드시' 명제의 또 다른 장점은, 우리의 행동을 바꾸는 동기가 되어 준다는 것입니다. 저는 요즘 호세라는 20살 청년의 치료를 진행하고 있어요, 호세는 부모님과 함께 살면서 대학에 다니고 있습니다. 그는 미루는 습관을 포함해 몇 가지 힘든 문제를 안고 있습니다. 예를 들어, 호세는 도서관에서 빌린 책을 2, 3년째 반납하지 않아서 연체료가 몇백 달러까지 늘어났습니다. 수강 신청을 미루다가 결국 인기 없는 과목을 듣게 됐고요. 텔레비전을 보면서 밥을 먹고 나서는 접시를 소파 아래에 밀어 둬요. 그리고 부모님이 나중에 접시를 발견해서 머리끝까지 화가 나게 만들곤 합니다.

호세는 저를 만나러 오면서 이런 생각을 했다고 합니다.

뭐든 미루면 안 돼.

일을 제때에 처리해야만 해.

밥을 먹고 나서는 접시를 곧바로 개수대에 가져다 놔야 해.

그렇다면 호세에게 이런 조언이 필요할까요?

"이런 건 인지 왜곡이에요! 당신이 할 일은 마음을 편하게 하는 거예요. 연체료는 신경 쓰지 마세요. 소파 아래에 접시를 둬도 괜찮습니다. 일단은 기분이 좋아지게 하는 것에만 집중하자고요."

No! 절대 아닙니다! 저는 호세의 생각에 동의했어요. 그의 잘못된 습관 때문에 문제가 생기고 삶이 더 힘들어졌으니까요. 호세가 했던 '반드시 ~해야만 한다'는 생각은 그가 자기 행동을 긍정적인 방향으로 바꾸고 싶다는 신호였어요. 그래서 우리는 미루는 걸 줄이고 할 일을 제때에 마칠 수 있도록 습관을 바꾸는 일에 공을 들였습니다. 결과가 어떻게 됐냐고요? 호세는 책임감이 더 강해졌고 자존감도 높아졌어요.

요점은 '반드시 ~해야만 한다'는 생각을 따라야 할 때도 있다는 거예요. 그런 생각들은 나 자신과 세상을 이롭게 하는 방향으로 우리 행동을 변화시켜 주고, 그 생각을 따르면 삶이 좀 더 나아질 수 있습니다.

그렇긴 하지만 세상에는 우리가 통제할 수 없는 일들이 너무나 많습니다. 그런 상황에서 '반드시~ 해야만 한다'는 명제만 믿다가는 끊임없이 부정적인 기분만 느끼게 되죠.

난 키가 더 커야 돼.

난 사람들한테 더 도움이 돼야 해.

저 차, 속도를 좀 더 내야 하는 거 아냐?

우리 엄만 너무 짜증 나. 나한테 간섭하는 걸 줄여야 돼.

이런 상황에서 특히 다른 사람이나 세상이 지금과는 달라져야 한다고 믿을 때 우리에게는 '당연하다고 여기는 마음'이 작동하고 있는 겁니다. 앞에서 예로 들었던 지나에게 그 마음이 작동하고 있었던 거예요.

제가 지금부터 하려는 말이 마음에 들지 않을지도 모르겠어요. 힘들 수도 있지만 일단 이 개념을 받아들이면 여러분의 기분은 몰라보게 달라질 겁니다.

저는 여러분이 그 어느 것도 '당연히' 받을 수 있는 건 없다고 말할 참입니다. 우주는 여러분에게 빚진 게 없어요. 잘못한 게 없다고요. 여러분은 그 어떤 것도 '당연하게' 누릴 자격이 없습니다. 저도 마찬가지예요. 사실, 우리 중 어느 누구도 지금 이렇게 '당연히 살아 있어야 할' 사람은 없습니다. '자격이 있다'는 생각 자체가 말이 안 되고 도움도 되지 않아요.

제가 이렇게 생각한다고 가정해 볼게요.

'난 영원히 살 자격이 있어.'

이게 대체 무슨 의미일까요? 이 요구가 받아들여지지 않으면 큰일이 난다는 뜻인가요? 이 문제를 제대로 처리해 달라고 호소할 수 있는 대상이 있는 걸까요? 청원 게시판에 글을 남기면 저는 영원히 살 수 있게 되는 걸까요? 절대 아닙니다. 저는 영원히 살 자격이 없을 뿐더러 그 어느 것도 당연히 누릴 권리가 없습니다. 우주는 저에게 신세를 진 적이 없습니다.

여러분이 '반드시 ~해야만 한다'는 생각을 믿는다면 '당연하다고 여기는 마음'과도 관련이 있습니다. 여러분이 마트에 갔다고 가정해 보죠. 계산을 하는데 가장 짧은 줄도 10분은 기다려야 하는 상황에서 이런 생각이 드는 거예요.

'난 이렇게 오래 기다릴 수 없어. 더 짧은 줄에 서야 하는데….'

이렇게 생각한다면 여러분은 자신이 '더 짧은 줄에 설 자격이 있다고' 생각하는 거예요. 세상에게 '난 더 좋은 대접을 받아야 해'라고 주장하고 있는 겁니다. 그래야만 하는 근거는 어디 있나요? '나는 5분 이상 줄을 서서 기다리면 안 된다'라는 규칙이라도 있나요? 아니요, 그런 규칙은 없습니다. '사람들은 늘 나에게 친절하고 다정해야 돼'라는 규칙도 없고요. '학교는 언제나 내가 바라는 대로 맞춰야 해' 혹은 '부모는 언제나 완벽해야만 해' 같은 규칙도 물론 없지요. 그런 규칙이 있어서 우주가 우리의 모든 징징거림과 요구를 다 들어주면 좋겠지만 세상에 그런 건 없습니다.

그래서 이런 사고방식은 절대 도움이 되지 않습니다. 왜냐하면 여러분이 '자격이 있다'고 믿고 있는 한 계속 실망하고 화가 나게 될 테니까요. 그러면 세상에게 속았다고 느끼고 억울함이 쌓이게 될 거예요. 사실은 그렇지 않은데 말이지요. 세상이 여러분이나 저에게 어떤 신세도 지지 않았다는 건 가혹하지만 사실입니다. 슬프지만 진짜예요. 여러분이 바라든 말든 하늘에서는 비가 내리고 내 기분 따위 아랑곳없이 벌레는 우릴 물고 세계 대부분의 통치자들은 여러분의 정치적 신념을 무시합니다. 여러분은 원하든 원하지 않든 늙고 병들게 될 겁니다. 인류의 역사는 지금까지 그래 왔고 앞으로도 그럴 거예요.

세상에는 셀 수 없이 많은 종류의 사건들이 일어납니다. 저는 자상하고 사랑스러운 사람들이 젊은 나이에 암에 걸려 죽는 것을 보았고, 잔인한 사람들이 어마어마한 행운을 얻는 것도 보았습니다. 세상은 예상치 못한 방식으로 흘러갑니다.

좀 더 심한 이야기를 해 볼까요? 저는 세상에 태어날 자격이 있어서 태어난 사람은 없다고 생각합니다. 그 반대도 마찬가지고요! 여러분의 부모님이 서로 만나지 않았다고 상상해 보세요. 여러분은 태어나지도 못했고 단 한순간의 즐거움도 누리지 못했을 거예요. 아니면 흑사병이 창궐한 시대에 태어나 어린 나이에 죽었을 수도 있습니다. 무시무시하고 말도 안 되는 소리로 들릴 수도 있어요. 어쩌면 제가 지나치게 비관적이라고 생각할 수도 있겠네요.

혹시 눈치챘을지도 모르겠지만, 이렇게 나에게 일어났을 수도 있는 모든 안 좋은 일을 생각할 때 이상하게도 저는 더 행복해집니다. 저는 제가 그 어느 것도 '당연히' 누릴 수 있는 건 없다고 생각하는 걸 좋아합니다. 그렇게 하면 저에게 일어나는 모든 좋은 일들이 '보너스'처럼 느껴지거든요.

아이러니한 건, 세상이나 부모님 혹은 다른 사람들이 여러분에게 '빚을 졌다'(혹은 신세를 지고 있다)는 마음을 버리면 좀 더 자유로워진다는 거예요. 마음이 더 가벼워지고요. 좋은 일이 생기면 생각지도 못한 선물을 받은 것처럼 느껴지죠. 가장 최근에 갑자기 좋은 일이 일어났던 때를 떠올려 보세요. 누군가 여러분에게 해 준 칭찬, 기대하지도 않았는데 좋은 성적을 받은 것, 예상보다 일이 일찍 끝난 것 등등. 이런 일이 생겼을 때 기분이 어땠나요?

우리는 갑자기 좋은 일이 생기면 흥분하거나 기분 좋은 놀라움을 느낍니다. 이런 경험을 더 자주 느끼는 건 실제로 가능합니다. 앞으로 이런 마음가짐을 장착해 보면 어떨까요?

'이 일이 어떻게 흘러갈지 모르겠어. 즐거운 경험이 될지, 끔찍한 경험이 될지도 잘 모르겠어. 내내 끔찍할지도 몰라. 나한테 어떻게 됐으면 좋겠다고 바랄 자격이 있는 것도 아니잖아.' 그리고 어떻게 일이 흘러가는지 지켜보세요.

저는 어떤 상황이 멋지거나 놀랍거나 아니면 적어도 '좋을 거야'라는 기대를 할 때 종종 실망하게 된다는 걸 깨달았습니다. 영화도 실망스럽고 수업도 기운 빠지게 하고 일도 친구도, 모든 것이 우릴 실망시키죠. 속았다는 기분이 들고 왠지 '불공평'하다는 느낌을 받습니다.

반대로 아주 낮은 기대를 안고 상황에 다가가려고 하면 예상치 못한 놀라움을 느낄 수 있을 거예요. 놀라움까지는 아니더라도 적어도 실망하는 일은 없을 겁니다. 여러분이 무언가를 받을 자격이 있다는 생각을 버리고 세상을 겪어 보면 하루하루 정말 많은 '보너스'를 받는 놀라운 경험을 하게 될지도 모릅니다. 아침 등굣길에 아무 기대 없이 걷다 보면 아름다운 꽃을 발견하게 되고 심지어 향기까지 좋은 그 꽃 덕분에 행복해질 거예요. 주위 사람들에게 아무 기대를 하지 않으면 그들이 가끔 하는 재미있고 친절한 한마디 말에 기분이 좋아질지도 모릅니다. 기대를 하지 않는다는 건 포기하거나 부정적으로 생각한다는 의미는 아닙니다. 무턱대고 잘될 거라고 생각하지 않고 있는 그대로 받아들이는 것에 가깝지요.

고백하자면, 기대감을 낮추는 게 쉬운 일은 아니에요. 하지만 일단 여러분의 기대가 고통을 만들어 낸다는 걸 깨닫는다면 그것만으로도 첫발은 내디딘 거예요. 기대감을 낮추면 그게 무슨 일이든 행복한 길로 이끌어 줄 겁니다.

그렇다면 '당연하다고 여기는 마음'의 반대는 무엇일까요? 제가 생각하는 답은 '감사의 마음'입니다. 감사는 너무나 중요해서 한 장을 다 할애할 수도 있지만 간단하게 말해 볼게요. 따사로운 햇빛을 느낄 수 있고 좋은 공기를 마실 수 있다는 게 얼마나 멋진 일인지에 집중하다 보면, 여러분이 가지지 못한 것에 집중할 때보다 훨씬 더 행복해질 거예요.

그러니까 '당연하다고 여기는 마음' 때문에 괴로울 때 쓸 수 있는 한 가지 기술은 '감사함'에 초점을 맞추는 겁니다. 예를 들어 누군가 이런 생각을 하고 있다고 가정해 볼게요.

'이렇게 숙제가 많다니 말도 안 돼. 선생님은 숙제를 줄여 주셔야 돼.'

상황을 다른 방향에서 보면서 생각의 틀을 바꿔 보세요. 이렇게 생각해 볼 수 있겠네요.

'역사 숙제가 꽤 많긴 하지만 수학 숙제는 그렇게 많지 않네.'

'역사 숙제가 많지만 아프리카에는 아예 학교에 갈 수 없는 아이들도 많아. 대부분 대학에 갈 기회조차 없고 어떤 아이들은 어떤 학교라도 가고 싶어 할 거야. 숙제를 하면서 세상을 더 많이 알아 갈 수 있는 기회를 얻었는데 불평할 순 없어. 이건 당연히 누릴 수 있는 게 아니라 행운이야.'

'당연하다고 여기는 마음'이 들 때 쓸 수 있는 마지막 기술은 '의미론 기법'(semantic technique)입니다. 이 기법은 자신이 쓰는 부정적인 언어를 바꿔 스스로를 더 따뜻하고 현실적으로 대할 수 있게 해 줍니다.

어떤 일이 어떤 식으로 '반드시 되어야만 한다'고 말한다면, 우리는 결과에 집착하고 있는 겁니다. 현실이 우리가 바라는 대로 반드시 이루어지길 바라는 거죠. 이것을 많은 이들이 '집착'이라고 부릅니다. 실제로 집착은 우리를 고통스럽게 하는 원인이 될 때가 많습니다.

집착이 아닌 무언가를 '선호'(여러 가지 가운데 특별히 더 좋아하는 것)하는 것은 괜찮습니다. 예를 들어 저는 해가 나는 날이 비 오는 날보다 좋지만 비가 오는 것도 괜찮습니다. 의미론 기법의 목표는 뭔가를 요구하고 집착하는 생각을 좀 더 부드럽고 선호하는 것으로 바꾸는 데 있습니다. 의미론 기법을 쓰고 싶다면 '반드시 ~해야만 한다' 대신에 '~하는 편이 더 좋아' 또는 '~했으면 좋겠다' '~하면 좋을 텐데'라고 말해 보세요. 예를 들어 볼게요.

제가 차 쪽으로 걸어가면서 이렇게 생각한다고 해 보죠. '지금 비가 오면 안 되는데.'

이때 비가 쏟아진다면 아마 화가 나고 실망스러운 기분이 들 거예요. 이제 의미론 기법을 써서 생각을 바꿔 보겠습니다.

'내가 바라는 건 지금 비가 오지 않는 거야.'

'지금 비가 오지 않으면 좋을 텐데.'

표현은 비슷해 보이지만 그 이후에 따라오는 감정은 완전히 달라집니다. '~라면 좋겠다' 혹은 '내가 바라는 건'이라고 생각할 때 저는 실망하거나 화가 나지 않습니다.

☹☹

직접 시험해 보세요. 어떤 일 때문에 화가 난다면 마음속에 '당연하다고 여기는 마음'이 있는지 살펴보세요. '이런 일이 생기면 안 되지'라거나 '이 사람 나한테 이런 식으로 행동하면 안 되지' 같은 생각이 드는 상황 말이에요. 그런 생각들을 종이에 적어 보세요. 그런 다음 그런 생각 때문에 일어나는 몇 가지 감정을 적어 보고 0에서 100% 사이에서 어느 정도로 강하게 느껴지는지 숫자로 적어 보세요. 이런 식이 되겠죠.

화남 : _____ %

분함 : _____ %

실망 : _____ %

불만 : _____ %

슬픔 : _____ %

그런 다음 의미론 기법을 사용해 보세요. '당연하다고 여기는 마음'을 '난 ~하는 게 더 좋아' 혹은 '내가 바라는 건~' '~라면 좋을 텐데'로 바꿔 보세요. 새로운 생각을 속으로 잠깐 몇 번 되새김질해 봅시다. 그런 다음 각각의 감정이 어떻게 느껴지는지 다시 점수를 매겨 보세요.

제가 만난 많은 분들이 미묘하고 작은 말의 변화가 감정에 영향을 준다는 걸 깨달았습니다. 여러분도 직접 시도해 보고 변화가 있는지 확인해 보세요.

우리가 겪는 고통은 대부분 '당연하다고 여기는 마음'에 얽매여 있는 '해야만 한다'는 생각에서 비롯됩니다. 첫 번째 단계는 여러분이 '당연하다고 여기는 마음'에 얽매여 있다는 걸 깨닫고 계속 괴로운 채로 있을지, 그걸 줄여 나갈지 결정하는 겁니다.

만일 '반드시 ~해야만 한다'는 생각이 지금 당장 변하고 싶은 무언가를 할 수 있게 동기부여를 해 준다면 그 변화를 실천해 보세요. 혹시 그 생각 때문에 마음이 괴롭다면 '감사한 마음'으로 방향을 바꿔 보시기 바랍니다. 그리고 삶에서 잘되어 가고 있는 일에 집중하세요. 지금보다 훨씬 상황이 나빠질 수도 있었지만 잘되고 있잖아요. 그것만으로 충분하지 않다면 의미론 기법을 써서 언어를 바꾸고 감정의 변화를 느껴 보세요. 마음이 한결 편안해질 거예요.

'명상'과 '마음챙김'에 대해 들어 본 적 있나요? 이 주제들에 대한 기사와 책은 셀 수 없이 많습니다. 또한 나날이 늘어나는 연구들은 명상과 마음챙김이 불안, 우울증, 정신 집중, 분리, 고통, 스포츠, 독창성, 침착함, 관계, 그리고 전반적인 행복에 이르기까지 많은 부분에 유익하다는 걸 보여 줍니다.

이 용어들의 의미를 정의하는 것부터 시작해 볼까요? 명상 중에서도 정좌명상은 의자나 방석에 앉아 편안한 자세로 수행하는 마음 훈련입니다. 자신에게 일어나는 모든 경험을 있는 그대로 수용하면서 자연스럽게 자신이 주의를 두었던 곳으로 되돌아오는 과정을 반복해서 훈련하는 것이죠.

마음챙김은 명상과 비슷하지만 약간 다른 점이 있습니다. 마음챙김도 훈련이기는 하지만 어떤 면에서는 평상시에 무언가를 하거나 대할 때의 자세에 가깝습니다. 마음을 챙긴다는 것은 마음속을 충만하게 만든다는 것인데 지금, 여기, 즉 현재에 온전히 존재하는 것을 말합니다. 조금 어렵나요? 다시 말하면 '한 번에 한 가지 일을 하고 온전히 참여하며 판단을 최소화하는 것'을 의미합니다. 예를 들어, 친구와 대화할 때 마음을 챙긴다는 것은 다른 데 신경 쓰지 않고 온전히 대화에만 집중하는 것입니다.

얼핏 둘 다 쉬워 보이기도 하지만 사실 쉽지만은 않습니다. 우리 마음은 가만히 내버려 두면 이리저리 날뛰고 되는 대로 아무거나 손에 집어 드는 야생 원숭이 같아서 몇 초도 가만히 있기가 힘듭니다. 그리고 우리 마음은 가만히 내버려 두면 보통 부정적인 것들, 미래나 계획에 대한 걱정이나 과거에 대한 후회로 흘러갑니다.

나쁜 소식은, 의도적으로 마음을 훈련하지 않는다면 우리 마음은 집중력 부족, 불안, 미루기, 우울증으로 뒤섞여 엉망이 될 수도 있다는 것입니다. 하지만 좋은 소식도 있습니다. 그건 바로 우리 뇌가 모양을 바꿀 수 있다는 거예요. 청소년들의 뇌는 특별히 더 유연하기 때문에 매일 아침 '뇌 훈련'에 몇 분만 투자해서 자신이 원하는 것에 집중하면 산만했던 마음이 정리될 수 있습니다.

명상과 마음챙김은 기분장애와 신체질환으로 고통 받는 사람들에게도 도움이 된다고 증명되었습니다. 명상이 신체적, 정신적 건강에 미치는 영향을 살펴본 연구 중 가장 엄격하게 진행된 임상실험 47개에서 명상 프로그램이 불안, 우울, 신체적인 고통을 적정 수준으로 줄일 수 있다고 밝혔습니다. 마음챙김에 근거한 인지치료(MBCT: Mindfulness based Cognitive Therapy) 역시 과거에 여러 차례 우울증을 겪은 사람들의 증세 재발을 막을 수 있는 것으로 나타났습니다. 여러 연구 결과에 따르면 최소

3회 이상 우울증이 재발한 사람들 중에서 기존 치료에 마음챙김 인지치료를 추가했을 때, 우울증의 재발 확률을 절반으로 줄일 수 있었습니다.

그럼 이제 명상이 어떻게, 왜 효과가 있는지 살펴볼게요. 제가 환자들에게 알려 주는 명상법은 상당히 간단합니다. 비교적 조용한 곳에 앉아 타이머를 맞추거나 명상 어플을 실행합니다. 몸 안과 밖으로 숨이 드나드는 동안 복부의 느낌에 정신을 집중합니다. 그러다 보면 어느 순간 마음이 이리저리 떠돌게 됩니다. 명상을 하는 동안 수십 번은 산만해질 거예요. 이 정도는 괜찮습니다. 핵심은 마음이 방황하고 있다는 걸 스스로 알아채고 숨이 집중하고 있는 곳으로 다시 마음을 데리고 오는 것입니다. 그러면 또 몇 초 후에 마음이 떠돌아다니고, 다시 수축과 팽창을 반복하는 자신의 배에 집중합니다. 그 과정을 반복하는 것이 명상입니다.

이 훈련을 매일 하게 되면 여러분의 마음을 원하는 곳에 집중할 수 있게 있게 됩니다. 그리고 이 과정을 반복하다 보면 마음의 근육이 키워집니다. 5kg짜리 역기를 계속 들어 올리다 보면 이두박근이 단단해질 거예요. 마음에도 같은 원리가 적용됩니다. 우리는 저마다 다른 집중력을 갖고 태어나지만 누구나 매일의 명상을 통해 집중력을 높일 수 있습니다.

분자생물학자였다가 승려가 된 프랑스인 마티유 리카드는, 그의 뇌에서 관찰된 감마파가 이전에 관찰된 어떤 사람의 수치보다도 월등히 높다는 결과가 나와 '현존하는 가장 행복한 사람'으로 알려졌습니다. 감마파는 높은 진동수를 보이는 뇌파인데 즐거움, 행복, 자유로움을 느낄 때 활성화됩니다. 리카드는, 행복을 좇아야 할 마음의 상태가 아니라 시간을 들여 꾸준함을 통해 길러지는 기술로 묘사하면서 자신의 정서적 행복의 이유를 명상이라고 이야기했습니다.

일생을 명상에 헌신하는 것은 대부분의 사람들에게는 불가능한 일이지만 누구나 매일의 명상 훈련을 통해 긍정적인 결과를 경험할 수 있습니다. 두 달 동안 진행되는 명상 훈련 프로그램에 등록한 성인들이 일상에서 긍정적인 감정적 경험(즐거움, 경외감, 만족감)을 하는 빈도수가 뚜렷하게 늘었고 충만함, 사회적 지지, 목적 의식이 생겼다는 연구 결과도 있습니다. 그리고 어떤 이들은 자신의 삶에 더 만족하게 되었을 뿐 아니라 우울증 증세도 줄어들었습니다.

그리고 명상을 통해 마음을 길들이는 훈련이 우리 자신과 우리를 둘러싼 더 넓은 세계의 관계에도 유익할 수 있다는 사실이 드러났습니다. 최근 여러 연구들은 명상을 하는 사람들이 명상을 하지 않는 사람들에 비해 타인에게 더 따뜻하고 정답게 행동한다는 결과를 보고하기도 했습니다.

사람들의 이타적인 행동에 대한 기발한 실험이 진행된 적이 있습니다. 3주간의 명상 프로그램을 마친 사람들과 그렇지 않은 사람들이 같은 대기실에 앉아 있는데 연기자 한 명이 들어와 다친 척을 하며 신음 소리를 냈습니다. 명상 참가자들의 50%는 아파하는 사람에게 자신의 자리를 내 주었습니다. 같은 상황에서 비명상인은 16%가 자리를 양보했고요.

명상은 주변 사람들의 감정을 민감하게 볼 수 있게 해 주기도 합니다. 명상 훈련을 하는 사람들은 다른 사람의 얼굴 표정을 읽는 능력이 향상되고 공감과 관련된 뇌 영역의 신경활동이 증가했다는 연구 결과도 있습니다. 이와 대조적으로 명상을 하지 않은 그룹은 다른 사람의 표정을 읽는 능력이나 공감 관련 뇌 활동에 아무런 진전을 보이지 않았습니다.

또 다른 연구에서는 명상 훈련을 받은 사람들을 임의로 정해 그들의 일상생활을 살펴보았습니다. 그들은 명상 훈련을 받지 않은 이들에 비해 다른 사람들에게 덜 거친 언어로 말하고, 더 자주 웃었으며, '나'보다 '우리'가 들어간 문장을 더 자주 사용했다고 합니다.

다른 사람들과 스스로에게 연민(불쌍하고 안쓰럽게 여기는 마음)을 느끼는 능력은 행복에 따라오는 것입니다. 명상의 가장 중요한 목적은 연민의 마음을 기르는 것입니다. 정서적으로 건강하려면 사회적 관계와 지지가 정말 중요합니다. 우리 자신의 마음뿐 아니라 다른 사람의 생각과 감정을 더잘 이해하려 하고 마음을 침착하게 하는 연습을 하면 관계(타인과의 관계와 자신과의 관계 모두)가 풍요로워지고 마음이 건강해질 가능성이 높습니다.

이 책은 우울증 극복에 관해 다루고 있기 때문에, 명상이 이 주제와 어떤 관련이 있는지에 대해서는 곧 이야기할 거예요. 하지만 그전에 매일 명상을 하면 '부수적인 효과'로 학교나 직장에서 무언가를 기억하는 데 노력을 덜 해도 되고 집중력이 좋아진다는 걸 알게 될 겁니다. 명상을 연습하면 무언가에 집중하는 게 더 쉬워집니다.

자, 그럼 기분과 우울증에 명상이 왜 중요한지 이야기해 보죠. 첫 번째 이유는 '부정적인 편견'과 관련이 있습니다. 이 부분은 수십 년 동안 임상 심리학에서 다루어 왔는데, 연구 결과 마음이 이리저리 방황할 때는 보통 부정적인 쪽으로 흘러간다는 게 밝혀졌습니다.

이 말은 여러분이 산책 같은 즐거운 일을 할 때도 마음이 방황하게 되고, 그동안에는 대부분 엉망이 될 것 같은 미래, 여러분에게 화가 나 있는 누군가, 또는 이전에 했던 부정적인 행동을 생각하게 될 거라는 뜻입니다.

물론 예외도 있습니다. 하지만 저를 포함해서 대부분의 사람들은 자연스럽게 부정적인 쪽으로 기울어집니다.

호랑이에게 물리지 않기 위해 숨을 곳을 찾아 헤매야 했던 수만 년 전이라면 그런 부정적인 생각이 쓸모가 있었을 거예요. 하지만 지금 이 책을 읽고 있는 대부분의 사람들은 음식과 물이 충분하고 동물의 공격에 대해 거의 생각하지 않아도 될 만큼 안전하게 살고 있을 겁니다. 그럼에도 우리 뇌는 우리의 목숨을 지키는 걸 최우선으로 진화했고(행복은 우선순위에 들지 않았죠) 그래서 여전히 부정적인 생각을 떠올리는 것이지요. 아마 이런 상황은 수천 년 더 지속될 수도 있습니다.

그래서 우리는 명상을 해야 합니다. 명상의 장점 중 하나는 우리가 집중하고자 하는 것에 계속 마음을 쓸 수 있을 정도로 훈련이 되면 일상의 과정들을 있는 그대로 충분히 즐길 수 있게 된다는 거예요. 예를 들어, 제가 명상을 하지 않고 점심을 먹는다고 해 보죠. 저는 식사를 하는 내내 부정적인 생각을 하면서 밥을 허겁지겁 먹을 가능성이 높아요. 제가 뭘 먹고 있는지도 모른 채 성급하게 먹어 치우는 거죠. 하지만 반대로 명상을 하면 제 경험상 식사에 더 집중할 수 있고 음식의 풍미나 식감에 주의를 기울이게 됩니다. 즐거운 식사 시간을 경험하는 거죠. 우울증에서 벗어나는 비밀 전략 중 하나는 걱정과 고민은 줄이고 하루하루 즐겁고 의미 있는 경험을 많이 해 보는 거예요.

하버드대학교 심리학 박사인 매트 킬링스워스는 이 주제에 대해 아주 훌륭한 강연을 했습니다. 테드 강연인데 제목은 '더 행복해지고 싶다면 이 순간에 머물러라'입니다. 간단히 요약해 볼게요. 그는 수만 명의 사람들에 대한 데이터를 수집했는데, 그들이 무엇을 했고 얼마나 즐겼는지, 또 그 순간에 얼마나 몰입했는지에 대한 것들이었습니다. 결과는 언제가 됐든 사람들의 행복에 중요한 요소는 '무엇'을 했느냐보다 그 행동을 할 때 '얼마나 충실했는가'였습니다. 결국 행복을 가장 크게 느낀 사람들은 '지금 여기에 가장 충실한 사람들'이었습니다.

이 연구 결과는 아무리 여러분이 지루하고 반복적인 일을 할 때라도 그 순간에 오롯이 머무를 수 있다는 것을 보여 줍니다. 그리고 그 행동을 온 마음을 다해서 한다면 충분히 행복해질 수 있고 심지어 그 행동을 즐길 수도 있다는 뜻이죠. 어쩌면 이런 경험을 이미 해 봤을 수도 있어요. 혹시 '몰입의 상태'에 빠져 본 적이 있나요? 뭔가에 푹 빠져들어서 모든 게 원하는 대로 '뚝딱' 이루어지고 손쉽게 일이 해결된 적이 있나요? 저는 그런 상태를 몹시 좋아합니다.

명상은 뇌를 한 가지에 집중할 수 있게 훈련하는 것입니다. 그래서 몰입의 상태로 더 쉽게 빠질 수 있게 하죠. 몰입의 상태에서 슬픔과 불안을 동시에 느끼는 건 거의 불가능합니다. 왜냐하면 지금 하고 있는 한 가지에 완전히 빠져들어 있을 때에는 다른 생각을 할 여유가 없기 때문이에요. 이것만으로도 신나고 즐거운 일인데 몰입의 상태에 있는 사람들은 무언가를 더 효율적으로, 창의적으로 해낼 가능성도 높습니다.

명상이 우울증 치료에 큰 영향을 주는 마지막 이유는 불안을 덜어 준다는 것입니다. 불안은 우울증을 악화시킬 뿐만 아니라 우울증의 원인이 될 수도 있습니다. 제가 요즘 상담을 진행하고 있는 노아라는 16살 소년이 있습니다. 노아는 컴퓨터 프로그래밍과 피아노 연주에 타고난 재주가 있고 좋은 학교에 다니고 있습니다. 노아는 두 달 전, 자살충동까지 일으킬 수 있는 심각한 불안 증세로 저를 찾아왔습니다. 노아는 올해 초 그가 사는 지역에서 발생한 8건의 자살 사건 기사들을 읽고 난 후 우울증에 빠졌습니다. 우울한 기분과 자해에 대한 불안은 그의 삶을 지배했고 무언가를 즐기기가 힘들었습니다. 그리고 노아는 걱정을 하는 데 너무 많은 시간을 쓰고 있었습니다.

저는 노아를 돕기 위해 몇 가지 방법을 제안했는데 그중 하나가 매일 명상을 하는 것이었습니다. 3주가 지나지 않아 노아는 걱정과 불안이 많이 줄었고 그런 생각이 들더라도 신경 쓰지 않았습니다. 자해를 시도하지 않았고 기분도 나아졌습니다. 이제 다음 주면 노아의 치료도 끝이 날 겁니다.

명상이 불안을 줄이는 방법에는 두 가지가 있습니다. 첫 번째 방법은 낮 동안 부정적인 생각들이 뇌에 침투하는 것을 최대한 막아 주는 것입니다. 명상은 뇌가 고요함과 휴식을 느끼며 더욱 편안해질 수 있게 해 줍니다. 그러면서 자연스럽게 부정적인 생각이 줄어듭니다.

명상이 불안을 줄이는 두 번째 방법은 부정적인 생각이 떠오를 때 신경 쓰지 않고 무시하는 것입니다. 그러면 부정적인 생각과 자신을 동일시하지 않게 되고 생각은 그냥 단순하게 생각으로 남게 됩니다. 침샘이 침을 만들어 내는 것과 같은 방법으로 뇌는 생각을 만들어 냅니다. 어떤 것들은 쓸모 있고 도움이 되지만 많은 것들은 크게 신경 쓸 가치가 없는 신경전달물질일 뿐입니다. 저 역시 인생에서 몇백 시간을 일어날 리 없는 걱정 시나리오를 쓰면서 보냈습니다. 다시 그때로 돌아갈 수 있다면 그런 건 '그냥 생각들'이라고 이름 붙이고 더 재미난 일에 빠져들고 싶습니다.

☹☹

명상은 그 자체로 강력한 도구입니다. 어떤 생각을 너무 심각하게 혹은 개인적인 것으로 받아들이지 않도록 뇌의 능력을 발달시켜 주지요.

명상은 우리를 슬프게 만드는 '난 못난이야' '난 쓸모가 없어' '아무도 날 안 좋아해' 같은 생각이 들 때도 유용합니다. 이런 생각이 들면 아마 슬프고 무가치한 기분이 들 거예요. 그러면 재빨리 이렇게 말해 보면 어떨까요?

"이건 그냥 내 뇌가 기계적으로 만들어 낸 생각이야. 신경 쓸 필요 없어."

그럼 아마 조금 더 차분해지고 행복한 기분이 들 거예요. 명상이 우울증을 치료하는 유일한 방법이라고 주장하는 것은 아닙니다. 하지만 분명 강력한 도구가 될 수 있습니다.

부정적인 생각을 몰아내고, 부정적인 생각에 사로잡히지 않기 위해서는 다양한 방법을 쓰는 것이 좋다고 생각합니다. 애초에 그런 생각들을 피할 수 있다면 더 좋고요. 거기다 행복과 창조력을 이끌어 내는 몰입의 상태를 더 자주 느낄 수 있다면 그보다 더 좋을 순 없겠죠. 그럼 다음 장에서는 정확한 명상 방법과 명상에 대한 오해에 대해 알아보겠습니다.

명상은
어렵지 않다

이번 장은 그렇게 길지 않을 거예요. 이 시점에서 여러분이 명상을 시도해 보고 결과를 지켜보겠다는 의욕이 있다면 좋겠군요. 최소한 한 달 동안은 매일 명상을 해 보고 그런 다음 도움이 되는지 아닌지 판단했으면 좋겠어요.

명상을 하는 가장 쉬운 방법은 명상 어플을 이용하는 겁니다. 저는 매일 아침 '헤드 스페이스'(Headspace)라는 어플을 사용합니다(이 책을 출간한 현재로서는 헤드 스페이스와 아무런 관련이 없음을 밝힙니다. 하지만 전 이 어플을 너무 좋아해서 언젠가는 투자를 할지도 모르겠어요).

저는 아침 명상을 강력 추천합니다. 그 이유는 두 가지입니다. 첫 번째는 우리가 너무 바쁘기 때문입니다. 일단 하루 일과를 시작하고 나면, 숨쉬기에 집중하기 위해서 잠깐 하던 걸 멈추고 5~30분 정도의 짬을 낸다는 건 매우 어렵습니다. 우리는 보통 일을 빨리 마쳐야 한다는 부담을 느끼기 때문에 일과가 시작되고 나면 명상 시간을 집어넣기란 불가능에 가깝죠.

아침 명상을 추천하는 두 번째 이유는 명상으로 하루를 시작하면 잠들기 전까지 오래 차분하게 집중할 수 있을 가능성이 크기 때문입니다. 이런 효과들은 다음 날 아침에 일어날 때쯤에는 사라져 버릴 거예요. 아침 일찍 명상을 하면 그 효과를 누릴 시간이 길어집니다.

저는 명상을 아침에만 하는 게 아니라 아침에 제일 먼저 하길 추천합니다. 새로운 습관을 들이는 건 꽤 힘든 일입니다. 여러분이 저처럼 아침에 정신없이 바쁘다면 아침에 일어나 이것저것 하다가 명상을 하는 건 어려울 거라고 생각합니다. 하지만 평소보다 10~20분 정도 일찍 일어나 명상부터 하는 습관을 들이면 다른 일들도 제시간에 해낼 수 있을 거예요.

명상은 긴 시간 이따금씩 하는 것보다 매일 하는 것이 좋습니다. 아침에 2, 3분 정도로 짧게 하는 매일 명상이 어쩌다 30분씩 하는 명상보다 더 효과적이에요. 아침에 하는 짧은 명상이 하루에 끼치는 영향에 여러분은 아마 깜짝 놀라게 될 거예요.

여러분이 하실 일은 아래와 같습니다.

1. 책의 앞부분을 읽지 않았다면 우선 앞부분을 읽으세요. 알람시계 세 개도 구입하시고요.
2. 평소 일어나는 시간보다 15분 빨리 알람시계를 맞춰 놓으세요.
3. 휴대폰이 있다면 잠자리에 들기 전에 '비행기 모드'로 바꾸고, 전원을 끄세요(자신의 방이 아닌 다른 공간에서 충전을 하는 게 가장 좋아요).

4 잠에서 깨면 알람시계들을 끄고 침대를 빠져나와 휴대폰을 켜세요. 그리고 비행기 모드로 그냥 두세요! 그렇게 하면 명상을 못 하게 만들 게 뻔한 카톡, 문자, 새로운 알림 세례를 피할 수 있습니다.

5 아직도 잠이 안 깼다면 찬물로 세수를 하세요.

6 휴대폰을 들고 조용한 장소로 가서 자리에 앉아 타이머를 작동시키거나 명상 어플을 실행합니다.

7 의식적으로 호흡에 집중하세요.

8 자신을 격려해 주세요.

'오늘 하루를 멋지게 시작했어.'

'늦잠 자지 않고 명상을 하다니 대단해.'

9 이 과정을 매일 아침 반복하세요.

10 만일 한 달 이상 꾸준히 명상을 하고 있는데 더 큰 효과를 바란다면 명상 시간을 늘려 보세요. 하지만 그런 목표 때문에 명상 횟수가 줄어든다면 명상이 생활의 일부가 될 때까지 시간을 늘리지 말고 매일 하는 데 집중하세요.

이게 전부입니다. 제가 '헤드 스페이스' 어플을 쓰는 이유는 거기에 나오는 메시지와 낭독자가 명상의 기본을 명확하게 설명해 주는 게 마음에 들어서예요. 혹시 휴대폰이 없거나 이 어플이 마음에 들지 않으면 다른 어플을 찾거나 타이머를 사용해 보세요. 한국어가 제공되는 Calm이라는 어플을 활용해 보시는 것도 좋아요. 여러분이 꾸준히 앉아 있는 한, 어떤 어플이나 타이머를 쓰는지는 문제가 되지 않습니다.

명상에 대한 오해

지금부터는 명상에 대해 잘못 알려진 내용들을 살펴볼 거예요. 하나씩 짚어 가면서 오해를 풀어 봅시다.

- **나는 너무 산만해서 명상을 제대로 못 할 거야.**

  이 말은 정말 많이 들었어요. 산만하다는 게 여러분이 명상을 못 한다는 걸 뜻하지는 않습니다. 그건 그냥 여러분이 인간이라는 뜻이에요! 저는 의대에 다니던 20대 때부터 거의 매일 명상을 해 오고 있는데 여전히 자주 산만해집니다. 당연한 거예요. 그래서 명상을 '훈련'한다고 하는 거예요. 그냥 계속 훈련해 나가면 됩니다. 어떤 날은 마음이 더 산만하고 또 어떤 날은 덜 산만할 거예요. 그 과정을 반복하면서 훈련을 계속해 나가면 몇 주 안에(어쩌면 며칠 만에) 명상의 장점을 알아차릴 수 있게 될 거예요.

- **명상은 마음을 깨끗하게 하는 거잖아.**

  내 마음은 절대 깨끗해지지 않아.

  이것도 오해입니다. 명상은 마음을 깨끗하게 하거나 생각이나 느낌을 '지우는' 것과는 관계가 없습니다. 사실 불가능한 일이죠. 우린 '마음을 깨끗하게' 할 필요가 없습니다.

  명상을 하면 생각들이 들어왔다 나가는데 우리는 명상을 하면서 그 생각들과 이전과는 다른 관계를 맺는 법을 배웁니다. 그 생각들에 사로잡히는 대신 그게 무언지 정의하고 '그냥 생각'일 뿐이라고 이름 붙이면 창밖에 나는 새보다 덜 신경 쓰게 됩니다.

- **명상을 하면 이상하게 불안해져.**
  혹시 명상을 하는 동안 불안이 느껴진다면 명상이 그렇게 '만드는' 건 아니라고 생각합니다. 감춰진 불안이 드러나는 것이죠. 조용한 가운에 가만히 앉아 있는 것은 힘든 일이에요. 뇌는 때때로 우리와 세계에 관한 역겹고 두려운 생각을 끄집어낼 만큼 잔인하기도 합니다. 명상이 여러분의 뇌에 그런 생각을 불러일으키는 것은 아닙니다. 여러분이 멈춰서 관찰하는 순간에 마음속에 무엇이 있는지 볼 수 있게 해주는 것이죠. 제가 발견한 역설적이고 놀라운 사실은 호흡에 집중함으로써 마음을 관찰하는 과정이 어느 순간 마음 자체를 바꿔 놓는다는 거예요. 마음의 속도를 늦춰 주고 부정적인 생각에 힘을 덜 실어 줍니다. 우리가 생각과 감정에 약간의 거리를 두는 방법을 배우고 그것들이 단지 '생각'이나 '감정'일 뿐이라고 이름을 붙인다면 생각에 휘말리지 않고 시간이 지나면서 불안이 줄어들게 됩니다.

- **난 명상을 할 필요가 없어. 나는 (   )을 하니까.**
  (괄호 안에는 요가, 달리기, 그 외 다른 활동이 들어갈 수 있습니다.)
  만일 여러분이 달리기나 요가, 스노보드, 춤추기 등 규칙적으로 하는 활동이 있고 거기에 빠져 있다면 아마 여러분의 불안은 낮고 집중력은 좋을 거예요.

계속 그렇게 하세요. 하지만 규칙적인 신체 활동만으로는 낮 시간 동안 마음을 차분히 하고 복잡한 생각들을 덜어 내기에 충분하지 않습니다. 최대의 효과를 누리기 위해서는 매일 앉아서 하는 훈련이 정말 중요합니다.

- 난 명상할 시간이 없어. 너무 바쁘단 말이야.

미안하지만, 전 이 말은 믿지 않을 겁니다. 이건 우선순위에 관한 문제입니다. 여러분의 마음 건강을 염려하고 진지하게 생각한다면 어떻게든 시간을 만들어 내야 합니다. 그 말은 몇 분 더 일찍 잠자리에 들고 일찍 기상해야 한다는 거예요.

우리 솔직히 말해 볼까요. 우리 중 대부분은 하루에 최소 한 시간 혹은 그 이상을 텔레비전을 보거나 페이스북을 확인하거나 기삿거리를 읽는 데 씁니다. 만일 밤에 그중 15분을 줄이면 그만큼 일찍 잘 수 있고 여전히 똑같은 시간 동안 잘 수 있어요. 게다가 이렇게 하루를 할 일로 꽉 채우는 것은 결국 더 큰 행복을 위한 거잖아요. 그러니 애써 더 많은 활동을 하면서 그것이 행복으로 바뀌길 바라는 대신 더 적게 활동하면서 마음의 건강을 돌보는 데 시간을 더 쓰는 게 낫습니다.

그럼 제가 가장 좋아하는 문장을 인용하며 이번 장을 마치겠습니다.

"매일 20분간 명상을 하며 앉아 있어라. 너무 바쁘지 않다면 한 시간을 앉아 있어라."

생각의
주인이 되자

혹시 이런 경험을 한 적 있나요? 갑자기 어떤 생각이 떠올랐는데 그게 완벽한 사실처럼 느껴지는 거예요.

이번 시험은 완전히 망했어.

아무도 날 좋아하지 않아.

우리 학교에서 내가 제일 멍청해.

어때요, 익숙한 말들인가요? 이런 생각들은 꽤 강력할 수 있습니다. 슬픔, 걱정, 속상함, 화남, 억울함, 두려움 같은 부정적인 기분을 느끼게 하죠. 이번 장에서는 이런 생각을 물리치는 데 도움이 되는 한 가지 기술을 소개할 거예요.

앞에서 다뤘던 '인지치료'를 다시 떠올려 볼까요? 우리가 어떤 기분이 드는 건 사건 그 자체가 아니라 그 사건에 대한 우리의 해석 때문이라고 했죠. 이 이야기를 다시 해 볼 필요가 있겠습니다. 만일 이 생각을 믿지 못하겠다면 이 세상에 여러분의 우울증 치료에 도움을 줄 수 있는 인지치료법은 없습니다. 인지치료에 대한 부분을 읽은 지 오래됐거나 지금도 의심이 든다면 앞으로 돌아가서 다시 읽기를 권합니다.

자, 시작하기 전에 여러분이 반드시 알아야 할 나쁜 소식이 있습니다. 머릿속에 떠오르는 부정적인 생각을 막을 수 있는 방법은 없다는 겁니다. 규칙적으로 명상을 하고 생각을 단순화하면 부정적인 생각이 떠오르는 횟수를 줄일 수는 있습니다. 하지만 여러분이 최고의 명상 전문가와 명상을 한다고 해도 여전히 때때로 머릿속에서 부정적인 생각이 떠오를 것입니다. 이건 피할 수 없는 일이에요.

비유를 하나 들어 볼게요. 비가 온다고 상상해 보세요. 여러분이 늘 우비를 입거나 우산을 쓰고 있지 않는 이상 비를 맞는 건 피할 수 없을 거예요. 갑자기 비가 오기 시작하고 빗방울이 머리 위에 떨어집니다. 자연스럽고 아무렇지 않은 일이죠. 그 순간 여러분에게는 몇 가지 선택지가 있습니다. 비를 좋아하고 몸이 젖는 게 상관없다면 그 자리에 서서 비를 맞는 것입니다. 이것은 '감정 받아들이기' 또는 '감정을 밀어내지 않고 그대로 두기' 전략과 비슷합니다. 굉장히 강력한 이 기술은 어느 정도 단련되면 다른 건 필요 없습니다. 언제까지 올지도 모를 비에 흠뻑 젖는 걸 좋아하는 사람은 우산이나 우비를 챙길 필요도, 비를 무서워할 필요도 없으니까요.

우리 대부분은 어느 정도의 비를 맞는 것에 대해서는 괜찮다고 생각합니다. 하지만 이런 경험을 몇 시간이나 하고 싶지는 않죠. 비가 내리기 시작하면 몇 분 안에 건물 안으로 뛰어들어 갈지 아니면 우산을 펼지 결정할 겁니다. 처음 몇 방울의 비는 피할 수 없지만 우리에게는 얼마나 더 오래 비를 맞고 있을지 결정할 수 있는 권한이 있습니다.

만일 여러분이 겪고 있는 감정을 완전히 다른 것으로 바꾸고 싶다면 전문적인 인지치료 전략을 써야 할 수도 있습니다. 이 책의 목적은 광범위하고 완벽한 기술을 알려 드리는 게 아니기 때문에 그 전략들을 다 다룰 수는 없습니다. 만일 이 책을 읽고 나서 더 많은 전략을 배우고 싶다면 데이비드 번즈의 『필링 굿』을 강력하게 권해 드립니다. 이번 장의 목적은 여러분에게 도움이 될 수 있는 한 가지 전략을 간단하게 소개하는 겁니다.

이 전략은 '증거 조사하기'입니다. 이 전략은 많은 사람들에게 상당히 효과적인데 때로는 감정을 극적으로 바꿔 진실이 아닌 생각들을 몰아내기도 합니다. 이 방법을 쓰기 위해서는 우선 감정과 생각을 적는 것부터 시작해야 합니다. '머릿속으로' 하려고 하지 마세요! 제대로 되지 않을 테니까요. 저도 가끔 시간과 노력을 아껴 보려고 머릿속으로만 인지 전략을 시도해 보지만 결과는 처참합니다. 적어도 지금은 여러분이 직접 적어 내려갔을 때 어떻게 되는지 경험해 봤으면 좋겠습니다.

자, 그럼 이제 준비가 됐다고 생각할게요.

종이에 지금 느껴지는 감정들을 적고 그 감정이 얼마나 강하게 느껴지는지 0에서 100% 사이로 적어 보세요. 어쩌면 슬프거나 불안하거나 속상하거나 화가 나거나 걱정되거나 분하거나 짜증이 날 수도 있고 여러 가지가 복합적으로 느껴질 수도 있어요. 하나씩 적고 그 감정들이 지금 얼마나 강하게 느껴지는지 적어 보세요.

다 적었나요? 그럼 이제 어떤 생각이 그런 감정을 불러일으켰는지 생각해 보세요. 만일 거의 모든 상황에서 부정적인 감정을 경험하고 있다면 이런 감정을 유발하는 '생각'이 어딘가에 숨어 있을 거예요. 생각을 바꾸면, 그 감정도 바뀔 가능성이 매우 높습니다. 이런 감정이 들게 하는 생각들을 적고 그 생각이 진짜로 느껴지는 정도를 0에서 100%로 적어 보세요.

책에 직접 적어도 되고 빈 종이에 써도 됩니다. 하지만 절대 안 되는 방법 한 가지는 머릿속으로 하는 겁니다. 생각과 느낌을 최소한 두 개씩 적어 보세요.

감정

_____ : _____ %

_____ : _____ %

_____ : _____ %

_____ : _____ %

생각

_____ : _____ %

_____ : _____ %

_____ : _____ %

_____ : _____ %

다 적었나요? 이 작업의 목표는 마음속을 확인하는 연습이자 여러분이 느끼는 감정의 정체를 정확히 알고 그런 감정을 불러일으킨 생각이 무엇인지 알아내는 것입니다. 지금은 이런 작업이 힘들게 느껴지더라도 하루에 10~20분 정도 하다 보면 익숙해질 거예요. 조만간 여러분은 스스로와 소통할 수 있게 되고 현재 겪고 있는 감정이 무엇인지 알아낼 수 있게 될 거예요. 감정을 불러온 생각도 모습을 드러낼 거고요.

이제 '증거 조사하기' 전략이 실제로 어떻게 작용하는지 알아보기 위해 예를 들어 볼게요. 여러분이 이런 생각을 하고 있다고 가정해 봅시다.

'난 대학에 떨어질 거야.'

어제 수능 시험을 봤다고 상상하면서 이 생각이 95% 진실이라고 믿습니다. 여러분은 평균 3등급을 받아 왔고 학원까지 다니면서 공부를 했습니다. 3등급을 받지 못한 건 한 번뿐입니다.

'증거 조사'를 위해 지금부터 10분 동안 탐정이 되어 봅시다. 여러분은 이제 특정 사건이 진실인지 아닌지 알아내기 위해 고용된 탐정입니다. 그렇다면 느낌보다는 사건에 대한 '증거를 조사'하고 객관적인 판단을 내리려고 할 거예요. 좀 고리타분한 건 알지만 일단 해 보자고요. 만일 살인 사건의 용의자가 진범인지를 알아내는 중이라면 반드시 객관적 사실과 증거가 필요할 겁니다. 우리는 다음 페이지에 나오는 증거 조사표를 이용할 거예요. 부록에도 표를 실어 놓았으니 지금 여기에 마음껏 쓰고 혹시 더 필요하면 뒤에 실린 표를 복사해서 쓰세요.

우선 맨 위에 여러분이 조사하고 있는 사건이나 생각을 쓰세요. 저는 이 생각을 예로 들어 볼게요.

'난 대학에 떨어질 거야.'

이제 수사를 시작합시다. 어떤 생각이 진실인지 가리기 위해 누군가 당신에게 조사를 의뢰했다고 상상해 보세요. 왼쪽 칸에는 그 생각이 진실에 '부합하는 증거'를 적어 보세요. 부합한다는 건 잘 들어맞는다는 뜻이에요. 그 칸을 다 채웠으면 그게 진실이라는 생각에 '반대되는 증거'가 무엇일지 생각해 보세요.

다음 페이지로 넘어가기 전에 연습을 좀 해 볼게요. 이 생각('나는 대학에 떨어질 거야')이 진실이라는 증거 하나만 생각해 보고 적어 보세요.

'내가 대학에 떨어질 것'이라는 증거

: _____

이제 대학에 떨어지지 않을 거라는 걸 보여 주는 증거를 한 가지 떠올려 보고 적어 봅시다.

'내가 대학에 떨어질 것'이라는 생각에 반대되는 증거

: _____

이제 다음 페이지에 있는 증거 조사표에 이 생각이 진실이라는 걸 암시하는 증거 최소 두 가지와 이 생각이 진실이 아니라는 걸 암시하는 증거를 두 가지만 써 보세요. 지금 해 봅시다.

증거 조사

생각 :

생각에 부합하는 증거	생각에 반대되는 증거
1.	1.
2.	2.
3.	3.
4.	4.

이제 어느 쪽이 더 강하게 느껴지는지 객관적으로 가늠해 보세요. 증거의 개수와 상관없이 아마 한쪽이 다른 쪽보다 더 강하게 느껴질 겁니다. 각 항목이 얼마나 강하게 느껴지는지를 표 아래 동그라미에 점수로 적어 보세요. 두 항목의 합은 100이 되어야 합니다. 예를 들어, '반대 증거'가 더 강하다면 '부합하는 증거' 아래에는 20을, '반대 증거' 아래에는 80을 적을 수 있습니다.

다 적었나요? 잘했어요! 어떤 증거들을 모았나요? 제가 생각한 증거를 같이 볼게요. '대학에 떨어질 것'이라는 생각에 '부합하는 증거'로는 이런 것들이 있을 거예요.

1   3등급을 받지 못했던 적이 한 번 있어. 그러니 이번에 또 그럴 가능성이 높아.

2   그냥 내 인생은 폭망했어.

3   대학에 떨어지는 사람은 많아. 나도 그럴 수 있는 거지.

4   헷갈리는 문제들이 몇 개 있었어. 그게 다 틀렸을지도 몰라.

'반대되는 증거' 칸에 제가 적은 것들이에요.

1   시험을 망친 기분이 든 적이 여러 번 있었지만 실제로 그런 적은 거의 없었어.

2   3등급을 받지 못한 건 한 번뿐이고 늘 3등급 이상으로 괜찮은 성적을 유지하고 있어. 이번에도 최소한 3등급은 받을 수 있을 거야.

3   시험 준비를 오랫동안 했으니까 아마 떨어지지는 않을 거야.

4   확신이 드는 문제들이 어느 정도 있었어. 그러니까 최소 3등급은 넘었을 거야.

여러분의 표는 이것과 비슷할 수도, 다를 수도 있습니다. 결과가 어떻게 나왔나요? 3등급을 받지 못한 적이 단 한 번뿐이고 고3 내내 수능 공부를 했다고 상상했다면 '반대되는 증거'가 더 강하게 나왔을 거예요. 어때요, 그랬나요? 그냥 감에만 의존하지 않고 증거를 객관적으로 살펴보니까 어떤 가요? 저는 이 전략을 좋아합니다. 합리적으로 생각할 수 있게 해 주고 부정적인 생각을 효과적으로 물리쳐 주거든요.

증거를 조사하는 것은 의심스러운 부분에 대해 진실이 아니라고 생각할 수 있게 도와줍니다. 예를 들어 여러분에게 친구가 단 두 명뿐이라면 이런 생각이 들 수도 있어요.

'아무도 나를 좋아하지 않아.'

특히 그중 한 명이 여러분에게 화가 나 있다면 더욱 그렇겠지요. 하지만 증거를 객관적으로 들여다보면 최소한 한 명은 여러분을 좋아한다는 사실을 끌어낼 수 있을 거예요. 그러니 그 생각은 진실이 아닌 거죠. 혹은 이런 생각이 들 수도 있어요.

'난 이제 외톨이야. 아무도 날 받아주지 않을 거라고.'

이런 경우 무작정 자신을 어둠 속으로 내몰지 말고 과거에 이런 일이 몇 번이나 있었는지, 친구나 지인 중에 이런 사람이 몇 명이나 되는지 스스로에게 물어보세요. 이런 과정들을 통해 마음을 가라앉히고 부정적인 생각들을 가볍게 만들 수 있을 겁니다. 이 전략을 모든 상황에서 쓸 수는 없지만, 부정적인 생각이 몰려와 마음이 무너지고 불행한 느낌이 들 때 꼭 써 볼만한 유용한 전략입니다. 부록에 실린 증거 조사표를 가지고 여러 번 시도해 보세요. 탐정 놀이를 즐겨 보시기 바랍니다!

6
감사하고
베푸는
마음 연습

이번 장은 이 책에서 가장 오글거리는 내용이 되지 않을까 싶습니다. 마음 단단히 먹으세요! 이번 장의 목표는 기분을 바꾸는 데 효과적인 행동 전략과 인지 전략을 공유하는 것입니다. 이 방법은 슬픔과 실망감을 줄이는 데 가장 효과가 좋고 화가 날 때나, 실망했을 때, 분한 마음이 들 때도 도움이 될 수 있습니다.

오늘의 주제는 '감사'입니다. 음, 지금 여러분이 무슨 생각을 하고 있는지 알 것 같아요. 지금 이런 생각을 하고 있죠?

'으, 뭐야. 어른들이 맨날 하는 얘기잖아. 감사한 마음이야 물론 좋지. 그런데 그걸 책으로까지 읽어야 돼?'

감사는 정말 미스터리한 단어입니다. 다들 쉽게 말하지만 실천하는 사람은 많지 않아요. 하지만 감사를 실천하면 큰 노력을 들이지 않고도 우울감을 줄일 수 있습니다. 또한 아무리 감사를 많이 해도 절대 부작용이 없고 감사하는 사람에게 욕할 사람도 없습니다.

그렇다면 '감사'라는 게 뭘까요? 우선 감사가 의미하지 않는 것부터 알아볼게요. 저는 완두콩 밥을 먹기 싫어하면 아빠가 '저기 먼 나라에는 굶어 죽는 아이들이 있어. 콩을 먹을 수 있다는 게 얼마나 감사하냐!'라고 할 때의 감사를 말하는 게 아닙니다. 그건 일종의 '강요된 감사'에 가깝고 그 방법을 추천하고 싶지는 않습니다.

제가 말하고 싶은 감사는 여러분이 자유의지로 행복이나 즐거움을 느낄 때, 삶의 어떤 것을 그저 그 자체로 행운이라고 여기는 것입니다. 맛있는 아이스크림 한 입이나 좋은 책 한 권에 감사함을 느낄 수도 있습니다. 누군가의 미소, 가까스로 수업 시간에 늦지 않은 것, 혹은 사소한 칭찬에도 감사를 느낄 수 있습니다.

물질적인 것에 감사를 느낄 수도 있습니다. 지금 저는 몸에 꼭 맞는 셔츠, 신나게 즐길 수 있는 스노보드, 물이 새지 않는 지붕이 있음에 감사하고 있습니다. 신발 한 켤레, 귀걸이 하나에도 감사할 수 있지요.

감사에는 제한이 없습니다. 친구와의 좋은 관계에 감사할 수도 있고 아침에 눈을 뜰 수 있다는 것에 감사를 느낄 수도 있고요. 태어난 것 자체를 행운이라고 느낄 수도 있겠지요.

어떤 분들은 지구에 계속 중력이 작용하고 있어서 땅을 딛고 걸을 수 있다는 사실에 감사할 수도 있습니다. 아니면 커다란 포식동물을 피해 도망 다니지 않아도 되는 안전한 일상이 감사할 수도 있겠지요. 상상력을 발휘해 보세요. 혹시 이렇게 생각하고 있는 건 아닌가요?

'근데 요점이 뭐예요? 그런 건 이미 다 알고 있다고요!'

☹☹

맞아요. 우리가 감사함을 느낄 수 있는 것들이 셀 수 없이 많다는 것에는 아마 대부분 동의할 거예요. 그런데 왜 많은 사람들이 여기에 시간을 쓰지 않을까요? 그리고 감사가 우울증과 무슨 관련이 있는 걸까요? 지금부터 설명해 드릴게요.

우울증을 일으키는 원인은 여러 가지가 있지만 그중에서 두드러지는 것은 '왜곡되고 부정적인 생각'입니다. 우리가 무엇에 집중하는지, 우리가 사건을 어떻게 해석하는지가 기분에 직접적으로 영향을 끼치죠. 그런데 문제는 이거예요. 우리 뇌는 우리가 가지지 않은 것, 우리가 좋아하지 않는 것에 초점을 맞춘다는 거예요. 이번 주말에 영화를 보기로 했다고 가정해 볼까요? 아이맥스 3D 영화관에서 액션 영화를 본다고 상상해 보세요. 액션 연기도 대체로 훌륭했고 특수효과는 놀라웠어요. 그리고 원하는 자리에 앉았죠. 그런데 배우 한 명의 연기가 어색해서 연기를 좀 더 잘했으면 좋았겠다고 생각했어요. 이 사람은 나중에 이 영화를 어떻게 평가할까요?

우울증이 있는 사람은 이렇게 생각할 수 있어요.

'뭐, 영화는 괜찮았는데 그 배우는 진짜 엉망이더라. 그냥 설득력이 없어. 연기 연습 좀 더 해야겠어.'

그리고 아마 그날 저녁은 그렇게 요약이 되겠지요. 이런 생각을 한 사람은 어떤 기분이 들 것 같나요?

반대로 누군가 똑같은 영화를 보고 이렇게 생각했다고 해 볼게요.

'그 영화 너무 재미있었어! 연기도 꽤 좋았고. 배우 한 명이 좀 더 잘했다면 좋았겠지만, 3D로 보니까 더 재미있었고 특수효과도 정말 완벽하더라. 그리고 아이맥스로 봐서 더 좋았어.' 이런 생각을 한 이 사람은 어떤 기분이 들까요?

　　어떤 사건을 만나든 우리는 어느 부분에 초점을 맞출 것인지 선택하게 되고 이 선택은 기분에 결정적인 영향을 미칩니다. 세상엔 늘 수많은 문제가 존재하고 이 사실은 바뀌지 않을 거예요. 세상에는 상상 이상으로 잔인한 전쟁과 행동을 일삼는 사람들이 있고, 끔찍한 병에 걸리는 훌륭한 사람들과 교육의 기회나 음식을 접할 수 없는 아이들도 많습니다. 그리고 늙는 것, 아끼는 물건이나 사람을 잃게 되는 것, 언젠가 죽을 거라는 사실도 우리가 어쩌지 못하는 부분입니다.

　　감사란 우리가 어쩌지 못하는 부분이 아니라 '잘되어 가고 있는 무언가에 초점을 맞추는 것'입니다. 이건 모래 속에 머리를 묻고 문제를 외면하라는 뜻이 아닙니다. 저는 인류의 발전을 위해 행동하는 것을 굉장히 좋아합니다. 하지만 세상의 어둡고 부족한 부분에 대해서만 생각한다면 너무나 피곤할 거예요. 장담합니다. 분한 마음이 들고 무력감과 비참함을 느낄 거예요. 부정적이고 나쁜 결과들에만 집중하는 사람들과 이야기를 나눠 보세요. 그런 다음 그들이 얼마나 행복해하는지, 얼마나 활기가 넘치는지 살펴보세요. 세상을 좀 더 좋은 쪽으로 바꾸는 것은 위대한 일이지만 아마도 그분들의 삶에는 제가 생각하는 류의 좋은 에너지는 부족할 거예요.

　　감사는 일상에 활력을 줍니다. 단 1, 2분이라도 감사하다고 생각하는 것만으로도 활기가 되살아납니다. 왜냐고요? 바로 관점이 바뀌었기 때문이죠. 감사하면 일이 잘 풀릴 것 같은 좋은 기분을 느낄 수 있습니다.

　　우리는 우리보다 더 좋은 걸 가지고 있는 사람들을 부러워할 때가 많습니다. 하지만 우리보다 더 안 좋은 상황에 있는 사람들에 대해서도 생각할 수 있죠. 행동경제학에서는 이것을 '상향적 사후 가정 사고'와 '하향적 사후 가정 사고'라는 개념으로 설명합니다. 약간 어렵긴 하지만 충분히 이해할 수 있는 개념이니까 잘 들어 보세요.

'상향적 사후 가정 사고'란 '…라면 더 좋았을 텐데'와 같이 자신의 실제 상황을 더 나은 결과와 비교하는 것을 말합니다. 예를 들면 이렇게 생각하는 겁니다.

'그래, 물론 나도 집이 있어. 하지만 토미의 집이 훨씬 크잖아. 우리 집은 별로야.'

반대로 '하향적 사후 가정 사고'란 더 나쁜 일이 일어날 수 있었다고 생각하는 것입니다. '…라면 큰일 날 뻔했다' 같은 식의 더 나쁜 결과를 가정하는 거예요. 이런 식으로 말이지요.

'맞아, 나보다 더 큰 집을 가진 사람들은 많을 거야. 하지만 적어도 우리 가족은 집이 있잖아. 안전하게 쉴 곳이 있어서 정말 다행이야.'

상향적 사후 가정 사고가 부정적인 사고를 낳는다고 해서 해로운 것만은 아닙니다. 같은 일이 다시 일어났을 때 더 잘 대처할 수 있도록 해 주기 때문입니다. 이런 점에서 상향적 사후 가정 사고는 지금의 상황에 만족하지 않고 좀 더 높은 곳으로 움직이도록 도와줍니다. 하지만 우울증 치료의 측면에서 보면 하향적 사후 가정 사고를 할 때 치료할 수 있는 가능성이 높아집니다.

이쯤에서 여러분은 두 가지 사후 가정 사고가 기분에 서로 다른 방식으로 깊숙이 영향을 준다는 것을 믿을 수도 있고 그렇지 않을 수도 있습니다. 그럼 이 말이 사실인지 아닌지 알 수 있게 실험을 해 보죠. 바로 '지금'

느껴지는 슬픔의 정도를 점수로 매겨 보세요. 0에서 100% 사이의 어느 지점이든 정해서 아래에 적어 보세요.

슬픔(상향적 사후 가정 사고를 하기 전) : _____%

이제 여러분에게는 없지만 남들에게는 있는 것 네 가지를 적어 주세요. 예를 들어 '케이트의 자전거가 내 것보다 더 좋아' 또는 '훌리오가 나보다 더 똑똑해'라고 적을 수 있겠지요. 바로 지금 아래 빈칸에 적어 보세요.

1 _____

2 _____

3 _____

4 _____

다 썼으면 지금 느껴지는 슬픔의 정도를 생각해 보세요. 이전의 느낌이 어땠는지는 무시하고 그냥 지금 어떻게 느껴지는지만 생각하세요. 그 정도를 %로 적어 보세요.

슬픔(상향적 사후 가정 사고를 한 후) : _____%

그럼 이번에는 다른 걸 해 볼게요. 일단 시작하기 전에 지금 여러분의 슬픔이 어느 정도인지 아래에 적어 주세요.

슬픔(하향적 사후 가정 사고를 하기 전) : _____%

이제 여러분이 가진 것이 다른 사람의 것보다 더 좋거나, 혹은 남들은 가지지 못했는데 여러분이 가진 것은 무엇인지 적어 보세요. 이런 예를 들 수 있겠네요.

'나는 언니보다 수학을 더 잘해.' '나는 휴대폰이 있어.'

1 _____

2 _____

3 _____

4 _____

바로 지금, 여러분이 느끼는 슬픔은 어느 정도인가요? 적어 보세요.

슬픔(하향적 사후 가정 사고를 한 후) : _____%

이제 상향적 사후 가정 사고를 하기 전과 후의 슬픔의 정도를 비교해 보세요. 많이 다른가요? 하향적 사후 가정 사고를 하기 전과 후는 어떤가요? 대부분은 내가 다른 사람들보다 더 좋은 것을 갖고 있다고 생각했을 때 슬픔을 덜 느꼈을 거예요. 만일 그 반대의 결과가 나왔거나 거의 변화가 없다면 지금 '감사하기'는 여러분에게 효과가 없을 수도 있습니다. 앞으로 제가 하게 될 제안들을 일주일 정도 따라 해 본 다음 변화가 있는지를 살펴보는 것도 좋습니다. 아니면 이건 제쳐 두고 다른 전략을 활용해 보는 것도 좋고요.

여기서 우릴 힘들게 하는 건 뇌입니다. 뇌는 상향적 사후 가정 사고 쪽으로 흘러가는 경향이 있거든요. 그냥 내버려 두면 우리는 너무나 자연스럽게 우리 인생이 다른 사람들보다 더 나아지게 할 방법과 우리보다 훨씬 멋진 인생을 살고 있는 사람들을 생각하느라 바쁩니다. 지금보다 더 나빴을 수도 있는 상황이나 이미 풍족하게 누리고 있는 것들을 생각하려면 애를 써야 하지요.

그래서 우리는 하향적 사후 가정 사고를 하는 습관을 만들 필요가 있습니다. 우리는 온 마음을 쓰지 않으면 우리 삶이 얼마나 불행한지에 대해 곱씹으면서 몇 시간을 써 버릴 수 있는 존재들이니까요.

부정적인 생각이 들기 시작하면, 우리에게 유익하지 않은 걸 알면서도 빠져나오기가 힘듭니다. 왜냐하면 진짜처럼 느껴지거든요. 하지만 만일 감사하는 습관을 들이고 하루 중 특정한 시간에 감사하기를 실천한다면 상황은 달라질 수 있습니다.

감사하는 일을 시도해 보기로 마음먹었다면 몇 가지 선택권이 있습니다. 어떤 사람들은 잠자리에 들기 전에 감사한 일 세 가지를 적는다고 합니다. 새로운 감사거리를 매일 생각해서 일상을 감사로 채우는 거죠. 아침에 일어나자마자 감사한 일을 적는 사람들도 있는데 그것도 좋은 방법입니다.

몇 주 전, 제가 속한 상담 그룹에서 과제를 내 주었습니다. 2분 동안 지금 우리 삶에서 감사한 마음이 드는 모든 사건과 사람을 적으라고 했지요. 제가 그렇게 많은 걸 썼다는 것에 저도 놀랐고, 행복한 기분이 들었습니다. 여러분도 한번 해 보고 결과를 지켜보세요.

또 다른 방법은 식사와 감사 습관을 함께 묶는 것입니다. 저는 지난 몇 년간 이 연습을 즐겁게 해 오고 있습니다. 아주 간단해요. 음식을 먹기 전에 감사한 마음이 드는 걸 한두 가지 소리 내어 말하는 겁니다. 예를 들면 이런 것들이에요. "직접 동물을 사냥하지 않아도 이렇게 맛있는 고기를 먹을 수 있는 것에 감사해." "누군가 과일을 수확해서 과일을 편하게 먹을 수 있다는 사실에 감사해."

감사의 비결은 진심 어린 새로운 것들을 충분히 생각해 내는 겁니다. 여러분이 살아 있고 무언가를 씹을 수 있는 입이 있다면 감사함을 느낄 수 있는 무언가가 분명 있을 겁니다. 그러니 감사할 일을 떠올리다 막힐 때는 창의성을 발휘해 보세요.

감사하기 역시 인지 전략이 될 수 있습니다. 만일 부정적인 생각을 몰아내려 애쓰고 있다면 어떤 일이 얼마나 잘 풀렸는지, 또는 상황이 지금보다 얼마나 더 나쁠 수 있었는지에 초점을 맞춰 보세요. 감사하는 것에 집중하는 시간을 규칙적으로 만들면 그 시간이 건강한 기분과 삶을 구성하는 한 요소가 될 수 있어요. 이 방법에 단점은 없지만 꼭 기억해야 할 건 운동이나 명상처럼 여러분의 일상에 집어넣기 위해 노력해야 한다는 겁니다. 1~2주 동안 실천해 본 다음 이 방법이 유용하다고 생각되면 규칙적인 일과로 만들어 보세요. 저는 여러분이 이 책을 읽기 위해 시간을 내어 준 것과 이제 점심을 먹으러 갈 수 있다는 사실에 감사합니다!

누군가를 도우면
우울증이 사라진다

대부분의 동물이 보이는 특징 중 하나는 위협을 느꼈을 때 '생존 모드'로 바뀌어 자신의 안전을 지키는 데 집중한다는 것입니다. 다른 것들은 뒤로 밀려나 버리죠.

우리가 몹시 슬프거나 우울함을 느끼는 경우, 이것도 위협으로 느껴져 우리 삶의 모든 측면을 사로잡을 수 있습니다. 우리는 몇 시간이고 우리 인생이 얼마나 형편없고 끔찍한지 하소연할 수 있어요. 우울증은 우리가 그 손아귀에 있는 동안 우리를 '자기중심적'으로 만드는 경향이 있습니다.

이렇게 자기중심적인 것이 자신을 지키고, 위험한 상황에서 금세 빠져나오게 해 준다면 반가웠을 거예요. 하지만 우울증에 걸리면 문제가 달라집니다. 몇 주 동안이나 우울해하고 있는 사람을 떠올려 보세요. 제 경험으로 보면 우울증을 겪고 있는 사람은 문제 대처 능력이 떨어집니다. 우울증에 걸리면 친구에게 전화를 걸거나 답 문자를 보내는 일 같은 간단히 해 왔던 것도 하기 힘들어합니다. 외출하는 걸 어려워하기도 하고요. 배우자나 연인이 있는 사람이라면 상대와의 교감에 노력을 덜 들이고 그로 인해 관계가 멀어집니다. 그리고 늘 하던 학교 생활이나 집안일도 힘들게 느껴집니다. 결국 우울증에 걸려 활기와 의욕이 떨어진 사람에게는 모든 게 무의미하고 절망적으로 느껴지게 됩니다.

자기중심성은 벗어나기 힘든 지독한 악순환을 만들 수도 있어요. 친구나 연인에게 노력을 덜 들이면 금세 고립된 느낌이 들고 외로워집니다. 이렇게 되면 부정적인 생각과 고민이 더 많아지죠. 하루 종일 자신과 처한 상황에 대해서만 생각하게 됩니다. 그 과정에서 에너지가 많이 소모되고 해야 할 일에는 노력을 덜 들이게 되죠. 그러면 해야 할 일을 하지 않았다는 죄책감과 창피함을 느낄 수 있습니다. 그러면 더 부정적인 생각이 들고 무기력감과 열등감에 사로잡히게 되죠. 곧 집 밖으로 나오지 않게 되고 낮에도 침대에만 누워 있게 되어 더욱 무가치하고 절망적인 느낌에 사로잡힙니다. 이런 상태가 오래 지속되면 상황은 더욱 악화됩니다. 짜증이 나고 쉽게 화를 내게 되고 도움의 손길을 밀어내고 스스로를 더욱 고립시키고 외롭게 만들 수 있습니다. 그러면 더 많은 시간을 끔찍한 상황에 대해 생각하며 보내게 됩니다.

좋은 소식은 해독제로 쓸 수 있는 몇 가지 방법이 있다는 거예요. 우리는 이미 많은 것들에 대해 이야기를 나누었지요. 잘 자기, 운동하기, 명상하기, 감사하기, 그리고 부정적인 생각을 적어 보고 물리치기 등이 있습니다. 거기에 한 가지 방법을 추가하고 싶습니다. 우울증이 만들어 내는 자기중심성의 가장 훌륭한 해독제는 '다른 것에 집중하는 것'입니다.

다른 것에 집중하는 가장 좋은 방법은 다른 사람을 돕는 행동을 하는 것입니다. 배고픈 사람에게 샌드위치를 나누어 주고 그들 얼굴에 떠오른 감사함을 보면서, 또는 구조된 동물들을 돌보면서 우울해 있기란 거의 불가능하다고 생각합니다.

　　만일 여러분이 집이 없는 누군가를 위해 집을 짓고 못을 박고 있다면 그 순간만큼은 여러분이 세상을 변화시킬 수 있을지, 중요한 일을 할 능력이 있는지 의심하지 않을 거예요. 다른 사람을 위해 온 힘을 쏟을 때, 마음속에 부정적인 고민이나 자기중심성이 남아 있을 자리는 없습니다.

　　최근에 너무나 마음 아픈 일이 있었습니다. 매력 있고 유쾌한 22살 청년이 자기 부모님은 만일 자기가 태어나지 않았더라면 더 행복했을 거라고 고백한 것이었습니다. 그는 자신이 가치 없고 무능한 실패자라고 느꼈습니다. 그는 우울증을 앓고 있었고 대학을 제때 졸업하지 못하고 꽤 오래 다니고 있었거든요.

　　그는 자기 삶이 얼마나 별로인지, 모든 게 얼마나 절망적인지 생각하며 하루 종일 방에 틀어박혀 있었습니다. 우리는 상담을 진행하면서 사회봉사에 대해 이야기를 나누었습니다. 그는 노숙자들에게 음식을 나눠 주는 일과 집을 지어 주는 봉사를 시작하기로 했습니다.

　　봉사 활동을 시작하고 2주도 지나지 않아 놀라운 결과가 나왔습니다. 그는 매일 샤워를 했고 다시 학교에 나가기 시작했으며 표정이 눈에 띄게 밝아졌습니다. 그리고 유머감각도 돌아왔습니다. 이러한 변화는 그가 자기중심적으로만 살다가 다른 것에 집중했기 때문에 가능했다고 생각합니다. 그는 오랫동안 무시해 오던 친구들과 가족과도 소통을 시작했고 자신을 둘

러싼 관계를 단단하게 만들기 시작했습니다. 그는 다른 사람들과 강하게 연결되어 있다는 연대감을 느끼게 되었고 마음의 건강을 되찾았습니다.

저는 모든 사람이 이 세상에서 살아가는 의미와 목적을 찾고 싶어 한다고 생각합니다. 저는 존경받는 사람들 중에서 자기 자신의 성장만을 목표로 사는 사람은 보지 못했습니다. 우리는 세상을 '더 나은 곳'으로 만드는 데 기여하고 싶어 합니다. 자신의 바람과 생각, 욕구에만 초점을 맞추면 행복을 찾기 힘들 거예요. 가장 큰 쾌락을 주는 요소들조차 그리 오래가지 못합니다.

마음이 건강해지고 기분이 좋아지는 가장 좋은 방법은 밖으로 나가 누군가를 돕는 거라고 생각합니다. 그렇다고 반드시 이타적일 필요는 없습니다. 여러분의 동기가 무엇이든지 상관없습니다. 사실 남을 돕는 제 동기는 이기적일 때가 많아요. 다른 사람을 도우면 제 기분이 좋아지거든요. 제가 다른 사람들보다 더 잘났거나 희생적이라 남을 돕는 게 아닙니다. 누군가에게 커피나 샌드위치를 사거나 혹은 그 사람이 원하는 걸 해 주었을 때 기분이 좋아진다는 걸 저는 알고 있습니다. 그것이 제가 다른 사람을 돕는 가장 중요한 동기입니다. 그런 제 행동에 따른 '부작용'이 있다면 다른 사람들도 덩달아 기분이 좋아진다는 건데, 그런 행동을 하게 만드는 동기는 제가 너그럽다는 기분을 느낄 수 있다는 것, 그리고 제 삶이 의미가 있다는 느낌이 드는 것입니다.

제 말을 그러려니 하고 그냥 믿지 말고 실제로 해 보세요. '쓸모없음'이라는 단어를 한번 생각해 봅시다. 스스로가 어느 정도로 쓸모없다고 여겨지는지 0에서 100%로 적어 주세요.

자, 이제 세상을 나아지게 할 수 있는 일을 시작해 봅시다. 작은 것부터 시작해 보죠. 혹시 지금 시간이 있다면 이 책을 들고 카페로 가세요. 주문 줄에 서서 앞이나 뒷사람에게 이렇게 말합니다. "혹시 음료 주문하실 건가요?"

상대방이 그렇다고 하면 이렇게 말하는 겁니다.

"그럼 제가 한잔 사 드려도 될까요?"

아마 상대방은 놀랄 것이고 어쩌면 숨은 의도가 있나 의심할 수도 있어요. 괜찮습니다. 혹시 상대가 주저하면 이렇게 말해 보세요.

"그냥 가끔 이렇게 하는 걸 좋아하거든요. 제가 음료를 대접해 드릴 수 있게 기회를 주시면 제 하루를 더 멋지게 만들어 주시는 거예요. 아무 조건도 없습니다."

보통은 이 정도면 충분합니다. 지금쯤 상대방은 미소를 짓고 있을 거예요. 만일 상대가 싫다고 하면 다른 사람에게 말을 걸면 됩니다. 상대가 승낙하면 그 사람이 원하는 걸 주문해 주거나 직접 주문하게 하고 돈을 냅니다. 그리고 이렇게 말하는 거죠. "좋은 하루 보내세요!" 그게 끝입니다.

얼마 전에 동영상을 하나 본 적이 있어요. 누군가 가난한 동네 마트에 가서 사람들이 산 물건을 대신 계산해 주는 모습을 담은 동영상이었는데 물건 값을 지불한 사람의 얼굴에 피어오르는 행복한 표정을 잊을 수가 없습니다. 물론 뜻밖의 선물을 받은 사람들의 표정은 말할 것도 없었지요.

근처에 카페가 없거나 다른 걸 시도해 보고 싶은가요? 그것도 좋습니다. 저를 찾아오는 환자 중에는 지인에게 편지를 써서 그 사람을 알게 되어 얼마나 감사한지를 표현하는 분도 있습니다.

'긍정 심리학' 운동의 아버지 마틴 셀리그만은 수신자에게 직접 편지를 주고 그 자리에서 편지를 읽게 하는 방법을 권합니다. 이런 행동만으로도 몇 주간이나 행복감이 상승한다는 걸 보여 주는 연구들이 있었습니다. 당장 그렇게 하는 게 부담스럽다면 이메일을 보내거나 우편으로 편지를 보내는 것도 좋습니다.

또 다른 방법은 친구나 가족에게 진심이 담긴 칭찬을 하는 거예요. 머리스타일이나 입고 있는 옷 등 여러분 마음에 들거나 칭찬할 만한 걸 찾아 멋지다고 말해 주세요. 대부분의 사람들은 충분히 칭찬을 받을 일이 별로 없습니다. 여러분의 칭찬을 받는 누군가는 분명 마음이 따뜻해질 거예요. 그리고 미소를 지을 겁니다.

혹시 동물을 좋아한다면 방법이 아주 많습니다. 주위에 동물이 있다면 다가가서 여러분의 사랑과 관심을 보여 주세요. 집에서 기르는 동물은 대부분 만져 주는 걸 좋아하고 그들의 하루를 좀 더 기분 좋게 만들어 주었기에 여러분도 기분이 좋아집니다. 아마 옥시토신이 왕창 분비될 거예요. 옥시토신은 기분 좋은 것을 만질 때 뇌에서 분비되는 화학물질이에요.

혹시 부모님이나 친구와 같이 산다면 집안일을 하는 것도 아주 좋습니다. 쓰레기 내다 버리기, 설거지하기, 방 청소하기, 과일 잘라 놓기 등이 있겠죠. 아주 작은 행동이지만 같은 공간에 있는 사람에게는 고마운 일일 수 있습니다.

만일 여러분이 정말로 잘할 수 있을 것 같고 의욕이 넘친다면 이런 방법도 있어요. 제가 즐겨 하는 행동인데, 샌드위치를 사서 가까운 곳에 있는 노숙자를 찾아가는 겁니다. 가서 노숙자에게 샌드위치를 건넵니다. 이런 행동을 하고 있다 보면 중간에 갑자기 이런 생각이 끼어들 수 있어요. '정말로 이런 것까지 해야 하나? 이렇게 도와주면 노숙자들에게 오히려 안 좋은 게 아닐까? 이들은 어쩌다가 노숙자가 된 걸까…' 그런 생각들은 무시하세요. 스스로에게 그냥 이렇게 말해 주세요.

'지금 이 순간에는 나보다 저분이 더 힘들 가능성이 커. 내 작은 행동이 저분에게는 행복한 경험이 될 것 같아. 쉽게 할 수 있는 일은 아니지만 난 이게 서로에게 '좋은' 행동이라고 믿을래.'

상대가 전혀 고마워하지 않을지도 모릅니다. 하지만 그렇더라도 여러분은 그들의 하루를 조금은 좋게 만들어 주고 인류애를 발휘한 겁니다. 이런 행동의 가장 원초적인 동기가 '자신'을 위한 거였다고 해도 훌륭한 행동이고 여러분의 마음에 행복이 차오를 겁니다.

그럼 이제 다른 누군가를 위해 어떤 행동을 하고 싶은지 잠깐 생각해 보세요. 생각할 시간이 없다면 누군가에게 커피를 사 주거나 칭찬을 해 주는 방법을 권합니다. 어떤 것이든 상관없습니다. 일단 행동을 하는 것이 중요합니다. 긴장이 되고 대인관계에 불안을 느끼고 혹은 '거절당할까 봐' 걱정되고, 피곤하다고 해도 일단 해 보세요. 그리고 누군가에게 도움이 되는 무언가를 하기 전에는 책을 계속 읽어 나가지 말아 주세요. 진지하게 말씀 드리는 겁니다. 이 책을 읽는 여러분은 관중석에 앉아서 관람만 하면 안 됩니다. 일단 그냥 하세요!

누군가를 돕고 왔나요? 그렇다면 지금 느껴지는 자신의 '쓸모없음'의 정도를 적어 보세요.

(남을 위한 행동을 완료하고 난 뒤) 쓸모없음 : _____ %

베푸는 행동을 하고 난 뒤 '쓸모없음' 점수가 어떻게 나왔나요? 저와 상담하는 환자들 대부분은 누군가에게 봉사를 하면서 혹은 하고 난 직후에 쓸모없다는 생각이 들지 않았다고 했습니다. 여러분은 쓸모없는 사람이 아닙니다. 세상 유일한 가치를 지녔을 뿐 아니라 방금 누군가의 삶을 전보다 더 좋아지게 만들었으니까요.

나쁜 소식은 다른 이에게 베푸는 선행의 효과는 영원하지 않다는 것입니다. 하지만 좋은 소식은 그런 행동을 또다시 할 수 있다는 거예요! 단언컨대, 세상을 나아지게 만들 기회가 부족할 일은 없을 거예요.

타인을 돕는 행동을 하면 기분이 나아진다는 주장에 약간의 믿음이 생겼다면 어떤 형태의 봉사를 하는 것이 좋을지 찾아보세요. 시행착오를 겪을 수도 있지만 시도해 볼 만한 가치가 있습니다. 노숙자들에게 음식을 나눠 주는 봉사를 한두 시간 해 보세요. 중고등학생이라면 학교나 시에서 운영하는 동아리에 가입할 수 있습니다. 대학생이라면 어린아이들에게 멘토가 되거나 공부를 가르쳐 주는 지역 아동센터를 찾을 수 있을 거예요.

일 년간 매주 토요일에 봉사를 했던 적이 있습니다. 저는 아는 것도 기술도 부족했지만 다들 얼마나 잘 참아 주셨는지 몰라요. 이런 활동을 통해 봉사도 하고 새로운 친구도 사귈 수 있습니다. '해비타트'라는 국제 봉사 단체가 있는데 한국에도 지부가 있습니다. 만 15세 이상이면 보호자를 동반해 누구든지 봉사에 참여할 수 있어요.

이쯤 되면 남을 돕는 일이 마음 건강에 도움이 된다는 생각을 받아들이면서도 정확히 왜 그런지 궁금할지도 모르겠어요. 몇 가지 이유가 있습니다. 첫째, 우울증은 고민과 부정적인 악순환에 빠져들게 합니다. 그 순환을 깨고 거기서 빠져나올 수 있다면 무엇이든 해야 합니다. 다른 사람을 위한 봉사는 자기만의 문제에 빠져 있는 사람이 그렇게 빠져 있지 못하도록 방해하는 역할을 한다고 볼 수 있습니다.

사실 봉사는 방해 그 이상의 역할을 합니다. 우리보다 좋지 않은 환경에 있는 사람들이 있다는 사실을 상기시켜 주죠. 우리가 더 낫고 우월하다는 뜻이 아닙니다. 우리 인생이 정말 운이 좋아서 다른 사람을 위해 무언가를 할 수 있는 여력이 있다는 걸 말하는 거죠. 여러분이 고통 받고 있는 사람이나 동물을 도울 때 지금보다 더 나쁜 일이 일어날 수 있었지만 그렇지 않았음에 감사할 수 있습니다.

저는 수없이 많은 날 동안 제 인생의 문제들을 고민하며 출근길에 올랐습니다. 그때는 그게 엄청 크고 중요하게 느껴졌거든요. 그렇게 출근해 진료실에서 고통을 안고 있는 사람들의 이야기를 들으면 곧 제 문제가 더는 크게 느껴지지 않았습니다. 이 세상이 고통으로 가득 차 있다는 사실을 깨닫는 것은 우리를 겸손하게 만들어 줍니다. 고통을 겪고 있는 사람들을 안타까워하고 지지해 주는 것은 우리의 시야를 넓혀 주고 우울증과 싸울 수 있는 힘을 줍니다.

또한 우리가 누군가의 하루를 조금 더 좋게, 더 쉬워지게 도왔다는 생각이 들면 그것이 아무리 작은 것이더라도 성취감이 느껴집니다. 그러면 신기하게도 다른 일에서도 성취감이 느껴집니다.

그리고 다른 사람을 돕는 일은 우리 자신이 다른 사람들, 그리고 세상과 더 깊이 연결되었다는 느낌을 줍니다. 우리는 모두 서로 연결되어 있습니다. 우리는 모두 고통스러운 경험을 한 적이 있고 모두 절망하고 모두 병에 걸리고 모두 행복해지기를 바랍니다. 우리의 뇌가 서로의 차이에 너무 많은 에너지와 관심을 쏟게 하고 서로 닮은 것보다 차이가 많다는 착각에 이르게 하는 것이 너무 슬픕니다. 이것은 우리 뇌가 저지르는 가장 큰 착각입니다. 제가 가장 좋아하는 아인슈타인의 명언을 인용해 보겠습니다.

"인간은 우주라고 불리는 전체의 일부분으로서 시간과 공간에 제약을 받는다. 인간은 자신의 생각과 느낌을 다른 것들과 분리해서 자신의 의식을 시각적 망상으로 경험한다. 이 망상은 개인적인 욕망과 소수의 주변인들을 향한 애정을 제한한다. 이는 우리에게 일종의 감옥과 같다. 우리의 임무는 살아 있는 모든 생명체와 아름다운 자연 전체를 포용하기 위해 연민의 반경을 넓힘으로써 우리 스스로를 이 감옥에서 벗어나도록 하는 것이다."

다른 사람을 도울 때 우리는 서로가 그렇게 다르지 않다는 사실을 깨닫습니다. 우리는 서로 의존하면서 살아야 하는 존재들입니다. 우리가 타인을 도울 때 우주에 잔물결이 일기 시작합니다. 우리가 도운 누군가가 또 다른 이를 돕는다면 이런 잔물결은 수많은 사람에게 영향을 줄 수 있습니다. 자신만의 생각에 사로잡혀 있을 때 우리는 외롭고 따로 떨어져 있다고 느낍니다. 하지만 다른 사람을 사랑하고 베풀면 훌륭한 존재를 닮아가는 기분이 듭니다. 삶에 의미와 목적이 생기는 것입니다.

마지막으로, 저는 '자기 관리'나 특정 상황에서의 이기심에 반대하고 싶지 않습니다. 이기적인 것은 사실 굉장히 건강한 모습일 수 있습니다. 자신을 위해 아침에 명상을 함으로써 활기를 되찾고 평화로워질 수 있습니다. 또는 힘든 시간을 보낸 후에 마사지를 받으면 굉장히 편안해지죠. 취미활동을 하는 데 시간을 보내는 건 순수하게 자신의 즐거움을 위한 것이고 그것도 아주 좋은 겁니다. 사실 여러분이 일이나 남을 돕는 데에만 시간을 쏟아붓는다면 에너지가 금세 바닥날 거예요.

그래서 균형을 맞추는 게 중요합니다. 만일 매일 일정 시간 편안하고 즐거운 일을 한다면 행복하고 차분해지는 느낌을 받을 거예요. 그럴 때 이 방법을 추천해 드릴게요. 그렇게 차분해지면 다른 사람을 위해 쓸 힘이 모일 수 있습니다. 그 힘으로 자연이나 동물, 인간에게 이로운 무언가를 하고 나면 여러분은 더 만족스럽고 힘이 날 것입니다. 이것은 하나의 좋은 순환입니다. 세상에 이로운 프로젝트를 펼치는 데 열정을 보이고 신이 난 사람들이 그 일에서 에너지와 독창적인 힘을 받는다는 이야기는 저에게 좋은 자극을 줍니다.

문제는 뇌가 다른 사람들을 위해 무언가를 하기엔 에너지나 돈, 시간이 없다고 생각하게 한다는 거예요. 이건 거짓말입니다! 왜곡이죠. 이건 절대 사실이 아닙니다. 여러분이 봉사를 위해 힘을 낼 수 없다고 생각하는 것도 일종의 왜곡이 일어난 것입니다. 특히나 여러분이 우울하다고 느낄 때(스트레스를 받고 있거나 화가 나거나 어쩔 줄 모른 상태도 마찬가지로) 다른 사람을 위해 무언가를 한다는 건 말도 안 되는 일이라는 생각이 들 거예요.

그렇다면 지금 바로 실험해 보세요. 친구에게 칭찬의 메시지를 보내

보세요. 낯선 사람에게 갑자기 커피를 사면 어떻게 되는지 보세요. 더 이상 뇌에게 속지 말고 다른 사람을 위해 시간을 내 보세요. 분명 해 볼 만한 가치가 있습니다.

일단 작은 것부터 시작해 보세요. 여기까지 읽었다면 여러분은 아마도 이미 베푸는 일 하나 정도는 했을 거예요. 내일 그 일을 또 해 보세요. 아니면 다른 것도 좋고요. 봉사 단체에 가입하기 전에 일단 몇 가지 작은 행동으로 성취감을 느껴 보는 것도 괜찮은 방법입니다. 남을 위한 일을 하기 전과 후에 어떤 기분이 드는지 확인해 보세요. 생각했던 것보다 훨씬 할 만하다는 걸 알게 되고 지금은 어느 정도 기분이 더 나아져 있을 거라 생각합니다.

만일 봉사활동을 삶의 일부로 만들어 가기 시작했다면 이것이 우울증에 강력한 치료제가 될 수 있다는 걸 알게 될 거예요. 부정적인 생각에서 벗어나고, 현재보다 상황이 더 나빠질 수 있었다는 걸 깨닫고, 세상에 소속감을 얻고 세상과 연결된 느낌을 받게 되기를 바랍니다. 다른 사람이나 동물들, 자연이 여러분으로 인해 도움을 받는 것도 멋진 일이지요. 여러분이 이미 했거나 앞으로 행할 긍정적인 행동에 대해 감사 드립니다. 여러분의 선한 행동이 세상을 더 좋아지게 했다는 생각에 제 마음이 따뜻해집니다.

7
다시
우울해지면
어떡하지?

우울증이
재발하면
이렇게 하세요

제 바람은 지금 여러분이 이 책을 읽기 시작하기 전보다 놀라울 정도로 기분이 좋아져 있는 것입니다. 가장 이상적인 건 여러분이 규칙적으로 운동을 하고 아침 명상을 하고 충분히 잘 자면서 자주 감사하고 다른 사람을 돕는 훈련을 하고 있는 것입니다. 이제 여러분은 생각이 왜곡되었을 때 어떻게 해야 할지 알고 있습니다. 부정적인 생각에 집중하기보다 행복한 순간에 머무르는 시간이 조금씩 많아지기 시작했습니다. 심지어 행복하다고 느끼는 날이 그렇지 않은 날보다 더 많을 수도 있습니다.

만일 자주 행복하다는 느낌이 들고 불안이나 속상한 기분에 짓눌리지 않는다면 여러분은 '깨달음의 상태'에 있는 겁니다. 자기 삶에 어떤 일이 일어나고 있는지 알아채고 대체로 행복하며 왜곡된 생각에 사로잡혀 있지 않는 상태를 말할 때 저는 이 표현을 씁니다. 꽤 멋진 순간일 거예요. '깨달음의 상태'에 있을 때 저는 미래에 대해 편안하고 신나는 기분이 들고 자잘한 문젯거리들에 크게 영향을 받지 않습니다. 여러분도 이런 순간을 경험해 본 적이 있을 거예요. 어쩌면 바로 지금이 '깨달음의 순간'일 수도 있습니다.

물론 지금 기분이 아주 엉망진창일 수도 있어요. 그런 경우라면 재빨리 문제를 '고치고' 싶겠지요. 그렇다면 책의 앞부분으로 돌아가서 책에서 권하는 것들을 제대로 하고 있는지 확인해 보세요. 매일 명상훈련을 하고 있는지, 일주일에 5~6일, 30~90분 정도의 운동을 하고 있는지, 매일 8시간 이상 푹 자고 있는지, 더 바란다면 감사하기와 남을 돕는 일을 하고 있는지 보라는 뜻입니다. 몇 가지를 건너뛰고 있거나, 건성으로 하고 있다면 다시 그 부분에 관해 읽은 다음 습관이 될 때까지 훈련해 보세요.

만일 위에서 말한 모든 걸 실천하고 있는데도 기분이 나아지지 않는다면 생각의 왜곡이 일어난 것일 수도 있습니다. 그렇다면 지금 여러분의 생각을 종이에 써 보세요. 그리고 앞에서 해 봤던 증거 조사하기 같은 인지 전략들을 사용해 보고 기분의 변화를 살펴보세요. 그래도 변화가 없다면 인지 전략을 몇 가지 더 배워야 할 수도 있습니다. 『필링 굿』을 사서 몇 가지 전략을 더 배워 두세요. 만일 그랬는데도 효과가 없다면 전문적인 도움이 필요한 상황일 수도 있습니다.

혹은 전반적으로 기분이 좋은 상황인가요? 축하합니다! 정말 멋진 일이에요! 인생은 짧습니다. 여러분이 지금 행복하고 적절히 편안한 상태에 있다면 그 순간을 즐기세요! 요동치는 부정적인 생각들 속에서 짧은 순간의 평안을 느낄 수 있다면 아주 기분 좋은 경험을 하고 있는 겁니다. 그 시간을 마음껏 누리세요.

여러분의 흥을 망치고 싶진 않지만 여기서 나쁜 소식을 전해야겠어요. 제가 하려는 말이 마음에 들지 않을 수도 있어요. 하지만 솔직하게 털어놓고 피할 수 없는 상황에 대비하는 게 좋겠어요. 준비됐나요? 자, 나쁜 소식은 바로 이겁니다.

'누구도 깨달음의 상태에서 영원히 머무를 수는 없다.'

이 말 때문에 속상해졌나요? 책에서 추천하는 모든 방법을 성실하게 따르고 전략을 전부 배우면 영원히 지속될 행복의 구름 위에 올라탈 거라고 생각했을 수도 있어요. 미안하지만 그런 요행은 없습니다. 그런 게 있다면 당연히 여러분에게 알려 드렸을 거예요! 말만 들어도 너무 좋네요. 하지만 인간의 운명이란 그렇지가 않습니다. 우리는 모두 고통 받고 깨달음의 상태에 올랐다 또다시 떨어지고 맙니다.

혹시 슬픔이나 걱정이 다시 몰려올 때가 있나요? 우린 그걸 '재발'이라고 부릅니다. 이런 일이 벌어지면 여러분은 다시 부정적인 생각을 믿게 되고 기분이 처지기 시작합니다. 하지만 이건 여러분이 뭔가 잘못된 행동을 했기 때문이 아니에요. 운동법을 철저하게 지킨다고 하더라도 어느 시점에서든 다시 왜곡된 생각에 빠질 수 있습니다. 그런 일은 누구에게나 일어납니다. 때로 우리는 운동, 명상, 질 좋은 수면 같은 건강한 습관을 멈추고 부정적인 생각과 사건 앞에서 더욱 나약해지고 맙니다. 어떤 때는 사랑하는 사람을 잃는 상실을 경험하면서 깊은 슬픔에 빠지기도 합니다.

우리는 뇌가 만들어 내는 생각에 집중하고, 상황이 지금과는 달랐어야만 했다고 주장하는 왜곡된 생각을 믿을 때 고통을 받습니다. 정말 안 좋은 소식이죠. 하지만 아마 여러분은 앞에서 제 낙관론을 배웠을 테니 이 두려운 선언을 하며 이 장을 마칠 리는 없다는 걸 짐작했을지도 모르겠어요. 물론 좋은 소식들도 있답니다!

첫 번째는 우리는 언제든 깨달음의 상태로 돌아갈 수 있다는 겁니다. 살면서 어떤 일이 일어나든 이전에 어떤 선택을 했든 지금 여러분에게는 다른 식으로 느낄 수 있는 힘이 있습니다. 우리는 '재설정'을 할 수 있습니다. 아무리 나쁜 일이 일어나고 있다고 해도 기분을 완전히 바꿀 수 있는 전략이 있고 그 전략을 쓸 수 있는 선택권이 우리에게 있습니다. 그 생각이 우리에게 위안을 주고 우리를 자유롭게 해 줍니다.

두 번째 좋은 소식은 미래에 경험할 수도 있는 재발이 과거의 우울증만큼 격렬하지는 않을 거라는 것입니다. 물론 제가 여러분이 얼마간 느낄 슬픔, 걱정, 질투, 화, 모든 부정적인 감정으로부터 여러분을 지켜 줄 수는 없습니다. 하지만 이제 여러분은 그런 감정들이 이전처럼 크게 영향을 미치도록 그냥 두지 않을 거예요. 여러분은 행동 전략과 인지 전략을 써서 이런 부정적인 생각과 감정의 힘을 약하게 만들 수 있어요.

마지막 좋은 소식은 가장 중요합니다. 바로 미래에 경험하게 될 '재발'은 오래 지속되지 않을 거라는 거예요. 슬픔, 화, 억울함 같은 감정들을 일찌감치 알아채기만 한다면, 곧바로 감정을 긍정적으로 바꾸는 행동을 해서 재발을 미연에 방지할 수 있으니까요.

하지만 예외적인 상황이 있어요. 그건 바로 여러분이 극심한 상실감을 겪을 때예요. 이런 경우에 슬픈 감정은 금방 그치지 않을 것입니다. 며칠, 몇 주 동안 슬플 수도 있어요. 어쩌면 필요한 슬픔일 수도 있습니다. 상실은 여러 가지 형태로 우리를 찾아옵니다. 사랑하는 가족, 반려동물, 친구, 신체적 능력, 어떤 역할이나 관계 혹은 정체성의 일부를 잃을 수도 있습니다.

만일 이런 극심한 상실을 겪게 된다면 스스로에게 한동안 애도할 수 있는 시간을 허락해 주세요. 이것은 '건강한 슬픔'입니다. 스스로에게 울 시간과 잃어버린 그 대상을 얼마나 아꼈는지 되돌아볼 시간을 주세요. 떠오르는 감정이 무엇이든 '밀어내지 않고' 그것을 온전히 느끼는 것이 중요합니다. 쉽지 않은 일이겠지만 이런 과정을 거치면 여러분은 한발짝 앞으로 나아가게 될 것입니다.

사실 일반적인 상황에서 우울증이 재발되면 그리 오래 지속되지 않습니다. 몇 분 정도 지속되는 것이 일반적이죠. '인지 치료'에 관한 장을 다시 기억해 볼까요? 행복을 결정하는 건 사건이 아니라 그 사건을 해석하는 생각입니다. 거의 모든 상황에서 우리는 그 상황을 어떻게 바라볼지를 결정하고 긍정적으로 받아들일 수 있습니다.

예를 들어 쉽게 설명해 볼게요. 저는 최근에 자말이라는 청년과 20시간짜리 무상 진료를 진행했습니다. 자말은 17살의 아프리카계 미국인이고 부모와 외조부모, 친조부모에게 육체적, 성적 학대를 받은 후 위탁 시설에서 지내고 있습니다. 자말의 부모님은 그가 4살 때 약물에 중독되어 자말을 제대로 양육할 수 없었기에 양육권을 박탈당했습니다. 그는 최근 극심한 우울증과 관계불안 문제를 겪고 어떤 일에도 의욕이 생기지 않았습니다. 몇 달 전 자말에게서 전화가 왔고 도움이 필요한데 치료비가 없다고 했습니다.

자말은 대학에 가서 심리치료사가 되어 자기와 비슷한 일을 겪은 이들에게 도움을 주는 게 꿈이라고 이야기했습니다. 그의 이야기가 제 마음을 울렸고 저는 20시간의 집중 상담을 무료로 진행하기로 결정했습니다. 그가 겪은 일들이 너무 심각해서 제가 보통 사용하는 전략이나 심리 치료법이 그를 돕지 못할까 봐 불안했습니다. 하지만 일단 해 볼 가치는 있다고 생각했습니다.

저는 자말에게 전화를 해서 그가 조금이라도 나아지기 위해서는 치료에 열심히 임해야 할 거라고 말했습니다. 제가 권하는 책들을 읽고 규칙적으로 운동을 하고 명상을 시작하고 긴 상담 과정 동안 늘 제시간에 맞춰 오고 효과를 최대로 끌어내기 위해 치료에 전념해야 한다고 했죠. 그는 저의 제안을 전적으로 받아들였고 제가 그의 치료를 기꺼이 맡아 준 것에 감사했습니다.

자말은 매번 한 시간 넘게 버스를 타고 저를 만나러 왔고 늘 약속시간보다 먼저 와 있었습니다. 그는 마음의 벽을 허물고 용기를 내어 그가 겪은 끔찍한 학대에 대해 이야기했습니다. 그가 겪은 슬픈 일들을 이야기하는 동안 제 눈에서도 눈물이 흘러내렸습니다. 우리는 그가 그토록 바랐던 부모님의 보살핌을 받지 못한 것을 함께 애도했습니다. 그리고 그는 슬픔과 화를 밀어내지 않고 그 감정들과 함께 앉아 있었습니다.

또한 우리는 기분을 바꾸는 행동 전략들과 생각을 바꾸는 인지 전략을 활용했습니다. 다른 사람과 건강하게 교류하기 위해 역할극도 했고요. 자말은 친구들에게도 과거를 말하지 못하고 경계를 했어요. 사람들에게 약한 모습을 보이고 싶지 않았던 것이죠. 계속 사람들을 경계한 것이 거리를 두게 만들었고 그를 외롭게 했습니다. 그래서 우리는 어떻게 하면 다른 사람에게 벽을 허물고 다가갈 수 있을지, 다른 사람을 믿을 수 있을지에 대해 이야기를 나누었습니다. 미루기와 마음의 동기에 대해서도 다루었습니다. 그는 매일 명상을 했고 시간을 좀 더 효율적으로 보내기 시작했습니다.

상담이 끝나갈 무렵 자말의 우울증과 불안은 거의 사라졌습니다. 그는 꽤 행복한 기분을 유지하고 있었고 심지어 웃기도 했습니다. 우리가 상상한 이상으로 모든 게 좋아진 것 같았습니다.

그런데 바로 그때 우울증이 재발했습니다. 치료가 끝나기 직전에 자말은 상당히 슬퍼했습니다. 그는 저를 더 이상 정기적으로 만나지 못하는 게 걱정된다고 털어놓았습니다.

"지금껏 저에게 이렇게 잘해 준 사람은 없었어요. 이렇게 누군가에게 마음을 열어 본 것도 처음이고요." 그의 감정은 진실했고 그런 슬픔이 영원히 지속될까 봐 두려움을 느끼고 있었습니다.

그러나 그는 슬픔에 무한정 주저앉아 있지 않고 자기의 감정을 변화시키기 위해 할 수 있는 일이 있다는 걸 알았습니다. 자신이 지금 슬프고 그것이 매우 자연스러운 일이라는 것을 받아들이기 시작했고, 이를 밀어내지 않으며 스스로 겪어 냈습니다. 역설적이게도 이런 과정이 슬픔을 약해지게 만들었습니다. 그런 다음 그는 감사한 일에 대해 생각했습니다. 누나와의 친밀한 관계, 살 곳이 있다는 것, 우리가 함께한 치료 과정까지…. 마지막으로 그는 이런 생각들을 직접 적어 보면서 자신의 미래에 대해 좀 더 희망적으로 느낄 수 있게 되었습니다.

자말은 이제 스스로 기분을 조율할 수 있는 힘이 생겼다는 사실을 알게 되었습니다. 치료를 마치고 저는 멋진 편지를 받았습니다. 자말은 편지에서 전보다 더 행복한 기분을 느끼고 있고 대학에 지원했다고, 전보다 화가 덜 나고 억울한 마음이 덜 느껴진다고 적었습니다. 저는 가끔 이 편지를 보는데, 볼 때마다 자말의 기분이 나아진 것뿐만 아니라 스스로 부정적인 생각에서 빠져나와 재발을 막는 방법을 깨쳤다는 것에 감사함을 느낍니다.

마지막으로 스스로 '재발'했다고 느낄 때 쓸 수 있는 방법 하나를 알려 드리려고 합니다. 우선, 언제든 다시 '깨달음'의 상태로 돌아갈 수 있다는 것을 기억하세요. 그리고 기분이 상하고 마음의 상태가 좋지 않다는 것을 깨닫는 것이 중요합니다. 그것만으로도 기분을 바꿀 수 있는 가능성이 열린 겁니다. 두 번째로, 최근 큰 상실을 겪었는지 스스로에게 물어보세요. 만일 그렇다면 한동안 슬픔을 느끼게 두세요. 애써 슬픔에서 빠져나오려고 하지 마세요. 기분이 상한 이유가 다른 거라면 지난 1~2주를 돌아보며 건강한 습관을 만들어 왔는지, 혹시 운동이나 명상, 수면 시간이 줄어든 건 아닌지, 감사 훈련이나 봉사활동 횟수가 줄어든 건 아닌지 살펴보세요. 만약 빠뜨리고 있는 게 있다면 다시 매일 시도하고 이 과정을 최우선으로 삼으세요.

꾸준히 건강한 습관을 실천해 오고 있는데도 여전히 기분이 나아지지 않는다고요? 그렇다면 그 감정이 무엇이든 밀어내지 말고 직접 겪어 보세요. 최소한 10~20분 정도 가만히 앉아서 마음속 감정들을 대면해 보세요.

그래도 변화가 없다면 '무언가에 온몸을 던져 몰입하라'라는 전략을 써 보는 걸 권합니다. 이것은 달리기나 설거지, 친구와의 대화, 선생님 말씀 듣기를 비롯해 무엇에든 온 에너지를 쏟는 것을 의미합니다. 여러분이 어떤 활동에 완전히 집중하고 있다면 부정적인 생각이 자리할 틈이 생기기 쉽지 않고 이것만으로도 우울증과 불안에 강력한 해결책이 됩니다. 최소한 한 시간은 이렇게 해 보고 기분이 어떤지 살펴보세요.

그럼에도 여전히 불안하고 화가 난다면 여러분을 화나게 하는 생각과 감정들을 종이에 적어 보세요. 그런 다음 지금 드는 생각을 계속 유지하는 것의 장점과 단점도 모두 적어 보세요. 그런 다음 어느 쪽이 강하게 느껴지는지 가늠해 보세요. 증거 조사하기를 해 보는 것도 도움이 됩니다. 이 과정을 천천히 따라가다 보면 분명히 우울감에서 벗어날 수 있을 겁니다.

우리 모두는 살면서 '깨달음의 상태가 되었다 나오기'를 반복합니다. 중요한 건 여러분에게는 자신의 생각과 감정을 바꿀 수 있는 힘이 있다는 것, 건강한 습관을 실천하고 부정적인 생각을 적다 보면 어느 때고 행복하고 편안한 상태로 돌아갈 수 있다는 것을 깨닫는 것입니다. 여러분의 인생을 진심을 다해 응원합니다.

여러분과 저는 우울증을 극복하는 것에 초점을 맞춰 긴 여정을 달려왔습니다. 대부분의 장들은 마음의 무기력을 느끼는 청소년들을 건강한 마음으로 이끌기 위해 쓰였습니다.

마지막 장에서는 어떻게 하면 '우울증 극복하기'를 넘어서 건강한 삶을 누릴 수 있을지, 그리고 어떻게 그 영역을 확장시켜 갈지에 대해 다루려고 합니다. 저는 어떻게 하면 보통 이상의 삶을 살 수 있는지 보여 주는 데에 한 장을 할애하고 싶습니다. 어떻게 하면 만족스럽고 의미 있고 신나면서 세상과 연결된 삶을 살 수 있는지 안내하겠습니다. 그런데 혹시 지금 이런 생각을 하고 있지는 않나요?

'헐, 겨우 한 장이라고요? 겨우 보통의 삶을 얻는 방법에 책 한 권을 통째로 다 쓰고서 좋은 삶을 위해서는 겨우 한 장만 쓰겠다고요? 어이가 없네요. 제 돈 돌려주세요. 아니, 우리 부모님 돈 돌려주시죠. 왜 이 주제에 책 한

권을 통째로 쓰지 않은 거죠?'

충분히 가능한 질문입니다. 하나만 예로 들어 볼게요. 의사가 없는 섬이 있는데 많은 사람들이 다리가 부러져 고통을 느끼고 있다고 가정해 봅시다. 지금 걷지도 못하고 극심한 고통을 느끼고 있는데 제가 그 섬에 가서 고통을 떨쳐내고 제대로 걸을 수 있는 방법을 알려 준다면 어떨까요? 그 작업이 아마 저의 가장 큰 업적이 되겠지요. 그런데 거기다 제가 마라톤을 엄청 좋아해서 그 사람들에게 마라톤을 가르쳐 주고 싶어 한다고 가정해 볼게요. 저는 빨리, 그리고 멀리 달리는 방법을 알려 주고 싶을 거예요. 하지만 그런 고급 기술에 들어가기 전에 우선 다리를 제대로 움직이는 것부터 시작해야 할 겁니다. 저는 기초 체력이 정말 중요하다고 생각합니다. 그래서 그것을 기르는 데 많은 장을 할애한 것입니다.

이 마지막 장은 앞의 모든 장을 성실히 따르고 더 이상 우울한 기분이 지속되지 않는 단계에 접어든 분들을 위해 마련했습니다. 가장 이상적인 것은 여러분이 운동을 하고, 잘 자고, 명상을 하고, 감사 훈련을 하고, 하향적 사후 가정 사고를 하고, 남에게 베풀고, 부정적인 생각을 적어 보고, 인지치료기법을 활용하고 있는 겁니다. 그리고 기분이 상당히 나아져 있기를 바라고요. 이번 장에서는 '좋은 상태'에서 '놀라운 상태'로 가는 방법에 대해 알려 드리겠습니다.

시작하기 전에 하고 싶은 말이 있어요. 그건 바로 여러분이 아무리 제 지시를 잘 따르더라도 때로는 슬프고, 걱정되고, 인간이 느낀다고 알려진 모든 부정적인 감정을 느끼는 순간이 있을 거라는 겁니다. 이건 피할 수가 없어요. 영원히 즐겁고 신나는 상태를 바라는 건 환영이지만, 삶이 이런 감정들을 끊임없이 제공하길 바란다면 분명히 실망하게 될 거예요. 받아들이기 힘든 사실이지만 그런 감정들은 재빨리 지나간다는 것부터 받아들이라고 이야기하고 싶습니다. 삶의 모든 것은 일시적인 것이고 여러분이 아무리 제대로 훈련받고 사려 깊다고 해도 고통의 순간을 경험하게 될 겁니다.

혹시 부러진 다리와 마라톤 비유가 마음에 든다면 이런 식으로 생각해 보세요. 세계 기록을 깰 마라톤 선수가 되는 법을 제가 알려 준다고 해도 달리기를 하다 보면 부상을 당할 수 있습니다. 아무리 열심히 훈련하고 아무리 빨리 달린다고 해도 원하는 방식대로 달리지 못할 수도 있습니다. 하지만 그런 고통의 순간에 이전에 경험했던 최고의 좋은 순간들을 기억한다면 감사할 수 있습니다. 이것이 바로 고통의 또 다른 면입니다. 만일 이 사실을 기꺼이 받아들인다면 여러분에게는 만족, 의미, 흥분, 관계를 가능한 한 많은 순간 경험할 수 있는 놀라운 가능성이 있습니다.

만족

우리가 좋은 상태에서 놀라운 상태로 가기 위해서는 만족을 누릴 줄 알아야 합니다. '만족'의 개념부터 알아볼까요? 만족은 평화로운 상태로, 현재 무언가 달라지길 바라는 것이 없는 상태를 말합니다. 동양에서는 '행복'을 논할 때, 만족의 질에 대해서 이야기합니다.

만족을 경험해 본 적이 있나요? 차분하고 긴장이 풀어진, 평화로운 그 순간에 일어나고 있는 일을 받아들이는 느낌을 경험해 본 적이 있나요? 어쩌면 긴장되는 일이 시작되기 전에 혼자 따뜻한 음료를 들고 앉아 홀짝이며 몇 분간 음미하는 시간일 수도 있습니다. 아니면 면접에 늦을까 봐 긴장하며 달려갔는데 무사히 도착해서 자리에 앉아 긴장을 풀고 있을 때 느껴지는 짧은 순간의 안도와 평화일 수도 있습니다.

삶에서 더 많은 만족감을 얻을 수 있는 믿을 만한 방법이 몇 가지 있는데 그중 매일 하는 명상과 적절한 수면은 놀라울 정도로 큰 도움이 됩니다. 명상은 만족을 경험하는 것뿐 아니라 더욱 느긋하고 편안한 마음이 깃들 기회를 만들어 줍니다.

더 많은 만족을 얻을 수 있는 훈련이 있는데 바로 '적게' 하는 것입니다. 저는 『단순함이 너의 모든 것을 바꾼다』의 저자 리오 바바우타의 주장을 지지합니다. 오랜 시간 매일 매 순간 할 일을 채우고 모든 초대에 응하며 스트레스를 받고 있는 제 모습을 깨닫게 해 주었거든요. 만일 여러분이 늘 서두르고 끊임없이 이 일에서 저 일로 뛰어다니고 있다면 '만족'을 느끼기는 꽤 어렵습니다.

의과대학교 재학 시절 2개월 동안 코스타리카에서 한 가족과 함께 지낼 기회가 있었습니다. 당시에 저는 스페인어를 몰랐고 그 가족은 영어를 몰랐어요. 저는 그 가족들에게 스페인어를 배웠고 몇 시간 동안이나 해변에 누워 있으면서 단순한 삶에 대해 배웠습니다.

그 가족 중 한 명인 알레한드로가 살아가는 방식은 아주 단순했습니다. 그는 아침에 일어나 신선한 파인애플과 망고, 그리고 약간의 쌀과 콩을 먹었습니다. 그런 다음 해변까지 걸어가 한동안 서핑을 했지요. 그리고 약간의 돈을 벌기 위해 서핑 강습을 한두 번 정도 했습니다. 밤에는 친구들과 어울려 기타를 연주했고요. 그는 제가 지금껏 만난 사람 중에 가장 행복한 사람이었습니다.

알레한드로가 행복한 이유 중 하나는 자유시간이 있었기 때문입니다. 그의 삶은 계속 바쁘지 않았어요. 그는 꽤 만족을 느끼고 있었습니다.

특히나 이 글을 읽고 있는 여러분은 평일 낮에 아무것도 할 일이 정해져 있지 않은 '자유시간'이 있다는 게 말도 안 되는 소리라고 생각할 거예요. 만일 여러분이 고등학생이고 특히나 3학년이라면 '자유시간'이라는 건 아마 4살쯤에나 누렸던 거라고 아련하게 기억할 수도 있을 테고요.

저는 일반적인 중고등학생들의 삶이 참 쉽지 않다고 생각합니다. 매일 6~7시간의 수업에 엄청난 양의 숙제, 거기에 대학에 가기 위해 학원까지 다녀야 한다는 건 너무 과합니다! 제가 세상을 이리저리 다시 맞출 수 있는 힘이 있다면 얼마나 좋을까요.

여러분이 어떤 상황이든 제가 하고 싶은 말은 더 높은 만족을 경험하고 싶다면 무언가를 '적게' 해야 한다는 것입니다. 일정을 줄이세요. 일주일에 하루 이틀 밤은 아무 할 일도 만들지 말고 '자유롭게' 비워 두세요. 스케줄이 다섯 개나 있는 토요일과 비교했을 때 아무것도 잡아 놓지 않은 토요일은 어떤 기분일지 겪어 보세요. 늘 스케줄을 너무 많이 짜는 경향이 있는 저로서는 살면서 계속해서 훈련해 가야 하는 일입니다. 저는 몇 달 동안이나 종종대며 서두르다가 그게 과했다는 걸 느끼고서야 책을 읽고 여유롭게 커피를 마실 자유시간을 만들자고 스스로에게 약속하곤 합니다.

더욱 만족스러운 삶을 위해 제가 마지막으로 권해 드릴 것은 현재 하고 있는 활동에 온전히 참여하라는 것입니다. 그러면 혼자 있든 누군가와 함께 있든 상관없이 지금보다 더욱 행복해질 거예요.

만일 이게 진실이라면 여러분의 삶에 어떤 의미가 있는 걸까요? 여러분은 얼마나 자주 지금 하는 일 말고 다른 걸 했더라면 얼마나 좋았을까 하고 생각하나요? 그런 적이 있다면 최소한 한 가지라도 적어 보세요.

1 _____

2 _____

어떤 걸 떠올렸나요? 수많은 답이 가능하겠지요. 다른 무언가를 했더라면 훨씬 좋았을 거라는 생각은 그 당시에는 매우 현실적이었을 거예요.

진실은 이렇습니다. 어떤 것이든 그걸 하는 동안 완전히 몰두한다면 즐겁고 만족스러울 가능성이 높습니다. 저는 제 마음이 방황할 때 왜곡된 생각이 밀려와 걱정과 화를 불러일으킨다는 걸 알게 되었습니다. 하지만 글쓰기나 설거지, 대화나 치료하기 등 뭐가 됐든 간에 '스스로를 온전히' 던지면 96% 정도는 행복함을 느낍니다. '내가 이러저러하고 그렇게 하고 저걸 가졌더라면 훨~~~씬 더 행복할 텐데. 그럼 얼마나 멋질까!'라는 왜곡된 생각은 여전히 들 수 있겠지만 스스로에게 다시 상기시킵니다. 이건 내 마음이 나를 가지고 노는 속임수이고 절대 진실이 아니라고요.

여기서 한 가지 드리고 싶은 말은 스스로를 온전히 던지라는 것은 밤낮 없이 일하면서 노력하라는 것이 아닙니다. 그 일을 할 때 다른 것에 시선을 빼앗기지 않고 집중하는 태도를 말하는 것입니다.

확실히 저는 운전(제가 가장 안 좋아하는 일 중 하나인데요)에 집중하고 있을 때는 93% 정도만 행복한 것 같아요. 반대로 친한 친구와 대화를 나눌 때 제 행복감은 98%까지 올라가죠.

모든 활동이 똑같은 즐거움을 준다고 주장하는 건 아니니까 오해하지 말아 주세요. 제가 하고 싶은 말은 우리가 온 마음을 다해 무언가를 할 때 만족을 경험할 가능성이 높아진다는 것입니다. 그리고 다른 사람이 시키는 것이 아닌 스스로 무언가를 할 때는 왜곡된 생각을 바로잡을 때만큼이나 즐겁습니다.

만일 다른 무언가를 하고 있다면 훨씬 좋았을 거라는 생각이 든다면 스스로에게 상기시켜 보세요. 지금 여러분의 행복의 용량은 훨씬 더 멋지게 들리는 다른 무언가를 할 때와 똑같다고 말이죠. 이 생각만으로도 현재 상황에 더욱 만족을 느낄 수 있을지도 모릅니다. 마음을 편하게 먹고 현재 하고 있는 것들을 온전히 받아들이세요. 그리고 어떤 일이나 물건에 매달리고 간절히 바라는 마음도 내려놔 보세요. 그러면 괴로움도 사라질 거예요.

의미

삶에 더 많은 '의미'를 부여하는 것에 대해 간단히 짚어 보기로 하죠. 그 주제를 다룬 책들은 수없이 많은데 공통점이 있습니다. 바로 자기 삶에 의미와 목적이 있다고 느끼면 더 큰 성취감을 느낄 수 있다고 이야기한다는 거예요. 그리고 성취감이란 행복의 한 단면입니다.

여기서 가장 좋은 소식은 로마로 가는 길은 아주 많다는 거예요. 삶의 의미를 찾는 방법은 셀 수 없을 정도로 많습니다. 그중 하나는 의식적으로 일정 시간을 떼어 두고 자기 자신 외에 누군가에게 이로울 거라 생각하는 일을 하는 겁니다.

우리에게는 선택권이 많습니다. 동물보호소에서 자원봉사를 하거나 아이들에게 책 읽는 법을 가르쳐 줄 수도 있고 환경을 보호하는 일을 할 수도 있습니다. 자선단체에 기부금을 보낼 수도 있죠. 종교나 영적인 것에서 의미를 찾는 사람들도 있습니다. 저는 저의 행동으로 다른 사람이 변화하는 걸 직접 보았을 때 큰 기쁨과 의미를 얻습니다. 누군가의 삶에서 고통을 줄이고 기쁨을 더 많이 느끼게 해 주는 것은 저에게 큰 기쁨을 안겨 줍니다.

'의미'를 부여하는 것에 대해 마지막으로 이야기하고 싶은 것은 세상을 향한 영향력의 '크기'에 연연하지 말라는 겁니다. 저는 제가 우리 지역 사람들을 '충분히' 돕고 있는 것인가를 고민하며 수백 시간을 허비했습니다. 비록 그런 고민이 더 많이 베풀 수 있는 동기가 되긴 했지만 극도의 불안과 죄책감, 창피함까지 가져다주었습니다. 저는 제 가치를 '얼마나 많이' 남을 도왔는지와 동일시했습니다. 제 '가치'나 봉사의 '횟수'를 염두에 두지 않고도 남을 위해 봉사하는 것에서 엄청난 가치를 발견할 수 있도록 도와준 데이비드 번즈 박사에게 감사를 드립니다.

『4시간』의 저자 티모시 페리스 역시 이 주제에 대해 탁월한 생각을 나눠 준 적이 있습니다. 그는 우리가 돌고래를 구하든 아이들을 구하든, 타인과 나의 선행의 이유와 영향력이 어느 쪽이 더 큰지 가늠하는 것은 불가능하고 보통은 시간과 에너지의 완전한 낭비라고 지적합니다. 만일 여러분이 무언가를 나아지게 하는 한 가지 이상의 일을 하고 있다면 세상을 돕고 있는 것이고 그걸로 충분합니다.

흥분

'흥분'은 제가 가장 좋아하는 주제 중 하나인데요. 어쩌면 나중에 이 주제만 가지고 책을 쓸지도 모르겠어요. 저는 '흥분'이 '만족'의 성질 나쁜 쌍둥이 형제이고 둘 다 큰 행복의 일부라고 생각합니다. 이런 사람을 상상해 봅시다. 온종일 수도원에서 지내며 하루에 두 번 채식 식사를 하고 12시간 명상을 하면서 만족을 느끼는 겁니다. 일단 지루할 것 같다는 생각이 드는데요! 저는 개인적으로 아드레날린이 솟구치고 신나고 흥분되는 일을 하는 걸 좋아합니다.

나쁜 소식은 매일 매 순간, 순수한 흥분이 유지되기는 힘들다는 겁니다. 결국 더욱 자극적인 걸 위해 계속해서 '판돈을 올리게' 될 거예요. 60미터 높이에서 번지점프를 하고 헤로인을 맞을 때까지 말이죠. 아주 신나는 일처럼 들리지만 이걸 오래 지속할 수는 없을 겁니다. 과도하게 '흥분되고 신나는 일'에만 몰두하다 보면 아마 파산하거나 감옥에 가거나 목숨을 잃게 될 거예요.

제가 바보 같은 말로 여러분을 놀라게 해 드렸나요? 그럼 그 말은 취소하고 어느 정도의 '흥분'은 '균형 잡힌 아침식사'가 될 수 있다고 말씀 드리겠습니다. 만일 여러분이 어떤 단순한 활동에 온 마음을 쓰고 있고, 삶에 의미를 주는 무언가를 하고 있다면 열정을 쏟고 흥분할 수 있는 일이 있다는 것이고 그건 건강하다는 뜻이기도 합니다.

여기에도 수많은 선택지가 있습니다. 콘서트나 음악 축제에 가는 게 몹시 흥분되는 일일 수 있습니다. 또 롤러코스터나 번지점프, 스카이다이빙

처럼 짧은 순간의 전율을 좋아하는 사람들도 있어요. 국내든 해외든 새로운 장소로 여행을 가는 것은 새롭고 풍요로운 경험이 되겠죠. 극도의 흥분과 전율을 좋아하는 분들은 큰 파도를 찾아다니며 서핑을 하기도 합니다. 제 아버지는 30년 동안 매년 시에라네바다 산으로 배낭여행을 가는데 여행 준비 하는 걸 너무나 좋아하세요. 저는 스쿠버다이빙 여행을 계획할 때마다 몹시 흥분됩니다. 누군가와 데이트를 하는 것도 엄청 흥분되는 일이죠.

무언가를 조사할 때 신이 난다면 그런 일에 집중하는 것도 괜찮은 방법입니다. 제 지인 중에는 요리를 좋아해서 새로운 조리법을 개발할 때 흥분을 느끼는 분도 있습니다. 새로운 악기를 배우는 것에 몹시 흥분하는 사람도 있고요. 호기심을 자극하는 주제에 대해 배우는 것도 아주 흥분되는 일일 수 있습니다.

기대되고 흥분되는 일이 있다는 건 만족스럽고 완전한 삶을 누릴 가능성이 높다는 거예요. 만일 여러분이 미래에 무언가를 떠올렸을 때 흥분이 될 뿐 아니라 그 일들을 실제로 겪으면서도 신이 난다면 이 조합은 더욱 짜릿해질 수 있습니다. 적정한 선을 지키면서 여러분의 삶에 신나는 무언가를 만들어 가는 걸 추천합니다.

관계

마지막으로 놀라운 삶을 만드는 개념인 '관계'를 말하고 싶습니다. 누군가와 함께 시간을 보내는 것, 특히 우리가 아끼는 사람들과 함께하는 것은 강력한 우울증 예방책이 될 수 있습니다. 다른 사람과 깊고 친밀한 관계를 맺으면 슬픔이 줄어들고 보살핌을 받는 행복을 누릴 수 있습니다. 이 주장을 뒷받침해 주는 몇 가지 증거들을 살펴보도록 하죠.

인간은 사회적 동물입니다. 우리의 뇌는 다른 사람과 관계를 맺도록 되어 있죠. 의심의 여지가 없습니다. 다른 이가 우리를 만지고 관심을 보여 줄 때 우리에게는 일종의 이득이 생깁니다. 혹시 '철사 원숭이' 실험에 대해 들어 본 적이 있나요? 약간 잔인한 실험이라 지금이라면 허가가 났을지 모르겠지만 1950년대에서 1970년대 사이에는 그런 실험들이 행해졌습니다.

연구자들은 새끼 '붉은털원숭이'들을 태어나자마자 엄마에게서 분리하고 수많은 실험을 했습니다. 첫 번째 발견은 동료 없이 고립되어 자란 영장류의 경우 행동에 문제가 있었다는 것입니다. 그들은 이상 행동을 했고 건강에도 문제가 많았습니다. 그리고 사회적 접촉이 많은 원숭이들에 비해 모든 측면에서 수치가 나쁘게 나왔죠. 이것은 어느 정도 직관적으로도 예측할 수 있는 부분입니다. 정부나 군대에서 정보를 얻기 위해 사람들을 고문할 때 그들을 완전히 고립된 곳에 가두는 걸 보면 알 수 있습니다. 그런 고립 자체가 고문이 되고 사람을 무너지게 할 수 있죠. 미국 교도소에서 가장 높은 수위의 처벌은 독방 감금입니다. 수련의 시절에 저는 교도소에서 근무한 적이 있습니다. 오랜 시간을 완전히 고립되어 있던 수감자들을 떠올리면 마음이 아픕니다. 너무 끔찍해서 저는 결국 그 일을 그만두었습니다. 그곳의 일원으로 있다는 게 너무 고통스러웠거든요.

반대로 사회적 관계를 맺고 사랑하는 사람들과 시간을 보내는 것은 자양분과 보호막이 될 수 있습니다. 사회적 관계를 잘 맺는 사람은 신체 건강과 무관하게 사망률이 낮아질 수 있다는 연구 결과도 있습니다. 좀 더 구체적으로 설명하자면, 150개에 달하는 연구 모음들은 사회적 관계 형성이 잘 된 사람들이 (개인의 성별, 기초 건강 상태, 혹은 사망에 이르게 하는 결정적인 사유와 상관없이) 사회적 관계 형성이 원활하지 않은 사람들보다 평균 3.7년 더 오래 산다고 보고했습니다.

남성들에게 다양한 상황을 주면서 스트레스 테스트를 진행한 연구가 있었습니다. 주변에 도움을 주는 사람이 없는 경우, 친한 친구의 지원을 받은 경우, 코에 (짝짓기나 육체적 애정을 표했을 때 분비되는) 옥시토신 호르몬을 분사한 경우, 혹은 옥시토신과 사회적 관계를 합쳐서 제공한 경우로 나누어 테스트를 진행했습니다. 스트레스 호르몬인 코르티솔의 수치는 친구와 함께한 경우와 옥시토신을 분사한 경우가 가장 낮았습니다. 이것은 긍정적인 사회적 유대관계가 스트레스의 부정적인 영향으로부터 우리를 지켜줄 수 있다는 생각을 더욱 뒷받침해 줍니다.

잠깐만 생각해도 누군가의 지지를 받는 것은 유익하지요. 그리고 다른 사람들에게 좋은 친구나 배우자가 되어 주는 것은 그들에게 보호막을 만들어 줍니다. 나이든 부부들을 조사한 한 연구에서는 친구, 이웃, 친척과 사회적 관계를 맺고 있는 경우 사망 위험이 현저하게 감소한다는 결과가 나왔습니다.

옥시토신과 스트레스에 관한 연구는 사회적 연결의 또 다른 측면인 촉각의 가치를 보여 줍니다. 동물원에 가 보면 침팬지들이 서로를 만지고 털을 골라 주는 모습을 볼 수 있습니다. 우리 영장류는 접촉을 좋아합니다. 어떤 사람은 친구나 연인과의 관계를 통해 충분히 접촉하고 애정을 주고받지만 그렇지 못한 사람도 많습니다. 우리는 좋아하는 사람을 안아 줄 때 기분이 좋아집니다. 다른 사람을 만질 때(혹은 그들의 눈을 지그시 바라볼 때) 우리 뇌에서는 옥시토신이 분비됩니다. 이때 다른 사람과 더욱 연결된 느낌이 들고 편안해집니다.

철사 원숭이 연구에서 가장 흥미로운 부분은 접촉과 관계에 대한 것입니다. 1940년대부터 1950년대를 지배했던 이론은 엄마의 역할은 음식을 제공하는 것뿐, 접촉은 신생아의 발달에 중요하지 않을 뿐 아니라 심지어 해롭다는 것이었습니다. 그래서 고아원에서는 아기들의 발육에 해를 끼칠까 봐 만지는 것을 의도적으로 피했습니다.

과학자들은 신생아 원숭이들을 엄마와 분리한 다음 인간이 만든 두 가지 형태의 원숭이를 대면하게 했습니다. 하나는 철사와 나무로 만들었는데 젖꼭지 뒤에 우유병이 달린 '철사 원숭이'였습니다. 영양분을 주는 것만이 목표인 존재죠. 또 다른 원숭이는 철사와 나무로 만들었지만 천으로 감싸서 부드럽게 안을 수 있었습니다. 이 원숭이는 우유를 주지 않았습니다. 오직 접촉의 기회만을 주었죠. 연구 결과는 놀라웠습니다. 대부분의 아기 원숭이들이 천으로 감싼 엄마 곁에만 있었거든요. 접촉이 얼마나 중요한지가 드러난 것이죠.

만일 여러분이 다른 사람과 좋은 관계를 맺고 싶다면 몇 가지 '재료'가 필요합니다. 하나는 상대에게 '약해지는' 것입니다. 약해지라는 말이 자연스럽게 다가오지 않겠지만 진실한 인간관계를 위해서는 필수입니다. 약한 부분을 드러내는 것의 놀라운 점들에 대해서는 20쪽도 쓸 수 있지만 심리학자 브레네 브라운이 저보다 더욱 잘 표현하고 더 많은 걸 알고 있다고 생각합니다. 저 역시 그의 책 『마음가면』에서 많은 영감을 받았습니다. 브레네 브라운은 수치심이나 불안 같은 약한 면을 드러낼 때 오히려 부정적인 감정을 해소할 수 있다고 이야기합니다.

또 우리는 사람들과 대화하는 방법을 배워야 합니다. 참고할 만한 여러 가지 좋은 자료가 있는데 우선 데이비드 번즈의『관계 수업』이 떠오르는군요. 그리고 상담 치료사들과 몇 시간만 상담해도 대화에 관해 많은 도움을 받을 수 있습니다.

또한 우리는 '다른 사람 중심'이 될 필요가 있습니다. 좋은 친구를 사귀려고 노력해 보세요. 좀 더 쉽게 다른 사람을 자신의 중심에 둘 수 있게 될 것입니다. 사람들과 깊이 있는 관계를 맺으면 유익한 것들을 얻을 수 있습니다. 그리고 만일 나약함을 내보일 수 있는 용기가 생긴다면 정말 멋진 경험을 하게 될 거예요. 여러분은 사람들에게 특별한 친밀함을 느끼고 그들도 여러분에게 같은 느낌을 받게 될 겁니다.

우울감이 커질 때는 여러분이 믿고 존경할 수 있는 사람에게 의지하는 것도 방법입니다. 의지한다는 게 뭔가 굴욕적으로 느껴지나요? 사실은 전혀 그렇지 않습니다. 의지할 때의 기분은 정말 멋지답니다. 물론 스스로 무언가를 해낼 때 말할 수 없이 행복해진다는 건 알지만 때로는 마음이 가는 사람들에게 마음을 열고 경험을 공유하는 것도 아주 멋진 일입니다.

이번 장의 핵심은 만약 여러분이 우울해 있었다면 이 책을 읽고 여기서 말하는 것을 시도하면서 '보통의 기복이 있는 평범한 삶'을 경험하는 것입니다. 그리고 그런 삶은 충만하고 놀라운 시간을 선물해 줄 거예요. 감정의 기복이 없이 완벽하게 평화로운 삶은 존재할 수 없습니다. 우리는 그저 보통의 정도로 감정이 이리저리 요동치는 평범한 삶을 누리려고 애쓸 뿐이에요. 사실 그런 삶을 누리기도 쉽지 않죠.

인생은 짧고 괴로운 일들은 끊이지 않습니다. 그래서 우리는 종종 실망을 합니다. 아무것도 기대하지 않는 게 더 좋을 수도 있지요. 저를 비관적이고 우울한 사람이라고 생각할지도 모르겠어요. 하지만 아닙니다. 전혀 그렇지 않아요. 저는 삶이 어떻게 이토록 아름답고 풍성할 수 있는지에 감탄할 때가 많습니다. 만일 우리가 불필요한 기대를 내려놓고 호기심 어리고 즐거운 자세를 유지한다면 세상은 우리가 마음껏 탐험할 수 있는 놀이터가 될 것입니다. 여러분이 만족, 의미, 흥분, 관계가 뒤섞인 멋진 삶을 경험해 보셨으면 좋겠습니다.

이 책으로 인해 여러분의 삶에 작은 변화가 일고 우울증에서 회복되었다는 소식을 듣고 싶습니다. 혹시 이 책을 통해 여러분의 삶이 바뀌었다면 알려 주실 수 있을까요? 또 앞으로 개정판이 나올 경우 추후에 읽을 독자들을 위해 제안할 것이 있다면 저에게 이야기해 주세요. 제 이메일은 jacobtowerymd@gmail.com입니다.

이 책을 읽기 위해 시간을 내 주셔서 감사합니다. 삶이 주는 최고의 것들이 여러분과 함께하기를 바랍니다!

부록

우울증 선별도구(PHQ-9)

지난 2주 동안, 얼마나 자주 아래의 문제를 겪으셨나요?	전혀 없음	3~4 일	절반 이상	거의 매일
❶ 일 또는 여가 활동을 하는 데 흥미나 즐거움을 느끼지 못한다.	0	1	2	3
❷ 기분이 가라앉거나 우울하고 희망이 없다고 느낀다.	0	1	2	3
❸ 잠이 들거나 숙면을 하는 것이 어렵다. 또는 잠을 너무 많이 잔다.	0	1	2	3
❹ 피곤함을 느끼거나 기운이 없다.	0	1	2	3
❺ 입맛이 없거나 과식을 한다.	0	1	2	3
❻ 자신을 부정적으로 본다. 혹은 자신을 실패자로 보거나 자신 또는 가족을 실망시켰다고 생각한다.	0	1	2	3
❼ 신문을 읽거나 텔레비전을 보는 일상적인 일에 집중하는 것이 어렵다.	0	1	2	3
❽ 사람들이 알아챌 정도로 말과 행동이 느리다. 또는 안절부절못하거나 들떠 있다.	0	1	2	3
❾ 자신이 죽는 것이 더 낫다고 생각하거나 자해에 대해 생각한다.	0	1	2	3
각 항목의 합				
총합				

만일 위의 문제 중 하나라도 해당되는 것이 있다면, 이런 문제들로 인해서 일을 하거나 집안일을 하거나 다른 사람과 어울리는 것이 어느 정도로 힘들었습니까?	전혀 힘들지 않았다	약간 힘들 었다	매우 힘들 었다	극도로 힘들 었다

이 짧은 장을 넣은 이유는 소수를 위해서입니다. 수면 원칙을 완벽하게 지켰는데도 여전히 불면증과 피곤함 때문에 힘들어하는 분들 말이에요. 잠을 자려고 하면 불안해지고 뒤척이다가 다음 날 기력이 떨어지는 분도 있을 거예요. 혹시 그렇다면 '불면증을 위한 인지행동치료'를 진행해 볼 수 있습니다. 온라인에도 참고 자료들이 있고 전문의를 찾아갈 수도 있습니다. 보통은 충분히 잠을 못 자면 몸에 문제가 생길까 봐 걱정이 됩니다. 너무 걱정이 되니까 잠자는 게 힘들어지고 결국 자기예언이 실현되는 거죠. 감사하게도 잠에 대한 여러분의 생각을 바꾸는 법을 배우면 이 악순환을 끊을 수 있습니다.

만일 여러분이 제가 앞서 했던 조언대로 꾸준히 몇 주 동안 수면 습관을 지켜 왔는데도(카페인과 낮잠을 완전히 끊고 꾸준히 최소 8시간 이상 자려고 노력하는 것을 말합니다) 여전히 너무 피곤하다면 수면 진단을 받아 볼 것을 권합니다. '수면 클리닉'에서는 다각도의 진단이 가능하고 치료법을 권해 주기도 합니다. 수면 무호흡증도 숙면에 큰 방해가 되기 때문에 이 부분에 대해서도 검사를 해 보는 것이 좋습니다. 수면 습관에 문제가 없는데도 계속 피곤하다면 시도해 볼 만한 가치가 있습니다.

증거 조사

생각 :

생각에 부합하는 증거	생각에 반대되는 증거
1.	1.
2.	2.
3.	3.
4.	4.

참고문헌

Ackard, D. M., Neumark-Sztainer, D., Story, M., & Perry, C. (2006). Parent-child connectedness and behavioral and emotional health among adolescents. American Journal of Preventive Medicine, 30(1), 59–66. doi: 10.1016/j.amepre.2005.09.013

American Academy of Pediatrics. (2014, August 25). Let Them Sleep: AAP Recommends Delaying Start Times of Middle and High Schools to Combat Teen Sleep Deprivation. American Academy of Pediatrics. Retrieved from https://www.aap.org/en-us/about-theaap/aap-press-room/pages/let-them-sleep-aap-recommends-delayingstart-times-of-middle-and-high-schools-to-combat-teen-sleepdeprivation.aspx

Babyak, M., Blumenthal, J. A., Herman, S., Khatri, P., Doraiswamy, M., Moore, K., . . . Krishnan, K. R. (2000). Exercise treatment for major depression: maintenance of therapeutic benefit at 10 months. Psychosomatic Medicine, 62(5), 633–638.

Barger, S. D. (2013). Social integration, social support and mortality in the US National Health Interview Survey. Psychosomatic Medicine, 75(5), 510–517. doi: 0.1097/PSY.0b013e318292ad99

Barnes, A. (2007, January 20). The Happiest Man in the World? The Independent. Retrieved from http://www.independent.co.uk/news/uk/this-britain/the-happiestman-in-the-world-433063.html

Blumenthal, J. A., Babyak, M. A., Moore, K. A., Craighead, W. E., Herman, S., Khatri, P., . . . Krishnan, K. R. (1999). Effects of exercise training on older patients with major depression. Archives of Internal Medicine, 159(19), 2349-2356.

Borowsky, I. W., Ireland, M., & Resnick, M. D. (2001). Adolescent suicide attempts: risks and protectors. Pediatrics, 107(3), 485-493.

Brown, S. L., Nesse, R. M., Vinokur, A. D., & Smith, D. M. (2003). Providing social support may be more beneficial than receiving it: results from a prospective study of mortality. Psychological Science, 14(4), 320-327.

Carter, O. L., Presti, D. E., Callistemon, C., Ungerer, Y., Liu, G. B., & Pettigrew, J. D. (2005). Meditation alters perceptual rivalry in Tibetan Buddhist monks. Current Biology, 15(11), R412-413. doi:10.1016/j.cub.2005.05.043

Condon, P., Desbordes, G., Miller, W. B., & DeSteno, D. (2013). Meditation increases compassionate responses to suffering. Psychological Science, 24(10), 2125-2127. doi:10.1177/0956797613485603

Cooper, J., Kapur, N., Webb, R., Lawlor, M., Guthrie, E., Mackway-Jones, K., & Appleby, L. (2005). Suicide after deliberate selfharm:a 4-year cohort study. American Journal of Psychiatry, 162(2), 297-303. doi: 10.1176/appi.ajp.162.2.297

Doyne, E. J., Ossip-Klein, D. J., Bowman, E. D., Osborn, K. M., McDougall-Wilson, I. B., & Neimeyer, R. A. (1987). Running versus weight lifting in the treatment of depression. Journal of Consulting and Clinical Psychology, 55(5), 748-754.

Flouri, E., & Buchanan, A. (2002). The protective role of parental involvement in adolescent suicide. Crisis, 23(1), 17–22. doi:10.1027//0227-5910.23.1.17

Fredrickson, B. L., Cohn, M. A., Coffey, K. A., Pek, J., & Finkel, S. M. (2008). Open hearts build lives: positive emotions, induced through loving-kindness meditation, build consequential personal resources. Journal of Personality and Social Psychology, 95(5), 1045–1062. doi:10.1037/a0013262

Goyal, M., Singh, S., Sibinga, E. M., Gould, N. F., Rowland-Seymour, A., Sharma, R., . . . Haythornthwaite, J. A. (2014). Meditation programs for psychological stress and well-being: a systematic review and meta-analysis. JAMA Internal Medicine, 174(3), 357–368. doi:10.1001/jamainternmed.2013.13018

Green, J. (2015, January 28). Palo Alto: Community searches for answers in wake of student suicides. San Jose Mercury News. Retrieved from http://www.mercurynews.com/my-town/ci_27409132/palo-altocommunity-searches-answers-wake-student-suicides

Greenberg, P. E., Fournier, A. A., Sisitsky, T., Pike, C. T., & Kessler, R. C. (2015). The economic burden of adults with major depressive disorder in the United States (2005 and 2010). The Journal of Clinical Psychiatry, 76(2), 155–162. doi: 10.4088/JCP.14m09298

Harris, D., & Brady, E. (2011, July 28). Re-Wiring Your Brain for Happiness: Research Shows How Meditation Can Physically Change the Brain. ABC News. Retrieved from http://abcnews.go.com/US/meditation-wiring-brainhappiness/story?id=14180253

Harwood, D., Hawton, K., Hope, T., & Jacoby, R. (2001). Psychiatric disorder and personality factors associated with suicide in older people: a descriptive and case-control study. International Journal of Geriatric Psychiatry, 16(2), 155–165.

Heinrichs, M., Baumgartner, T., Kirschbaum, C., & Ehlert, U.(2003). Social support and oxytocin interact to suppress cortisol and subjective responses to psychosocial stress. Biological Psychiatry, 54(12), 1389–1398.

Henriksson, M. M., Aro, H. M., Marttunen, M. J., Heikkinen, M. E., Isometsa, E. T., Kuoppasalmi, K. I., & Lonnqvist, J. K. (1993). Mental disorders and comorbidity in suicide. The American Journal of Psychiatry, 150(6), 935–940. doi: 0.1176/ajp.150.6.935

Holt-Lunstad, J., Smith, T. B., & Layton, J. B. (2010). Social relationships and mortality risk: a meta-analytic review. PLOS Medicine, 7(7), e1000316. doi: 10.1371/journal.pmed.1000316

Kelly, W. E., Kelly, K. E., & Clanton, R. C. (2001). The relationship between sleep length and grade-point average among college students. College Student Journal, 35(1), 84–86.

Kessler, R. C., Barber, C., Birnbaum, H. G., Frank, R. G., Greenberg, P. E., Rose, R. M., . . . Wang, P. (1999). Depression in the workplace: effects on short-term disability. Health Affairs, 18(5), 163–171.

Kessler, R. C., Petukhova, M., Sampson, N. A., Zaslavsky, A. M., & Wittchen, H. U. (2012). Twelve-month and lifetime prevalence and lifetime morbid risk of anxiety and mood disorders in the United States. International Journal of Methods in Psychiatric Research, 21(3), 169–184. doi: 10.1002/mpr.1359

Lane, R. D., Reiman, E. M., Ahern, G. L., Schwartz, G. E., & Davidson, R. J. (1997). Neuroanatomical correlates of happiness, sadness, and disgust. American Journal of Psychiatry, 154(7), 926–933. doi: 10.1176/ajp.154.7.926

Lewinsohn, P. M., Hops, H., Roberts, R. E., Seeley, J. R., & Andrews, J. A. (1993). Adolescent psychopathology: I. Prevalence and incidence of depression and other DSM-III-R disorders in high school students. Journal of Abnormal Psychology, 102(1), 133–144.

Lim, D., Condon, P., & DeSteno, D. (2015). Mindfulness and compassion: an examination of mechanism and scalability. PLOS One, 10(2), e0118221. doi: 10.1371/journal.pone.0118221

Liou, S. (2010, June 26). Meditation and HD. Huntington's Outreach Project for Education, At Stanford. Retrieved from http://web.stanford.edu/group/hopes/cgi-bin/hopes_test/meditationand-hd/#neuroscientists-and-buddhist-monks-results-of-an-unusualcollaboration

Lovato, N., & Gradisar, M. (2014). A meta-analysis and model of the relationship between sleep and depression in adolescents: recommendations for future research and clinical practice. Sleep Medicine Reviews, 18(6), 521-529. doi: 10.1016/j.smrv.2014.03.006

Lowe, B., Kroenke, K., Herzog, W., & Grafe, K. (2004). Measuring depression outcome with a brief self-report instrument: sensitivity to change of the Patient Health Questionnaire (PHQ-9). Journal of Affective Disorders, 81(1), 61-66. doi: 10.1016/S0165-0327(03)00198-8

Lutz, A., Greischar, L. L., Rawlings, N. B., Ricard, M., & Davidson, R. J. (2004). Long-term meditators self-induce high-amplitude gamma synchrony during mental practice. Proceedings of the National Academy of Sciences of the United States of America, 101(46), 16369-16373. doi:10.1073/pnas.0407401101

Ma, S. H., & Teasdale, J. D. (2004). Mindfulness-based cognitive therapy for depression: replication and exploration of differential relapse prevention effects. Journal of Consulting and Clinical Psychology, 72(1), 31-40. doi: 10.1037/0022-006X.72.1.31

Mascaro, J. S., Rilling, J. K., Tenzin Negi, L., & Raison, C. L. (2013). Compassion meditation enhances empathic accuracy and related neural activity. Social Cognitive and Affective Neuroscience, 8(1), 48-55. doi:10.1093/scan/nss095

Mathers, C., Fat, D. M., Boerma, J. T., & World Health Organization. (2008). The global burden of disease: 2004 update. Geneva, Switzerland: World Health Organization.

Mead, G. E., Morley, W., Campbell, P., Greig, C. A., McMurdo, M., & Lawlor, D. A. (2009). Exercise for depression. Cochrane Database Systematic Reviews (3), CD004366. doi: 10.1002/14651858.CD004366.pub4

Morgan, D. (2003). Mindfulness-based cognitive therapy for depression: a new approach to preventing relapse. Psychotherapy Research, 13(1), 123–125. doi: 10.1080/713869628

Ojakian, V., & Mukherjee, A. J. (2012, Oct 13). Analysis of 2009–2011 Suicide Data of Santa Clara County: Suicide Prevention Initiative. Santa Clara County Mental Health Department. Retrieved from https://www.sccgov.org/sites/mhd/Providers/SuicidePrevention/Documents/Analysis%20of%202009-2011%20Suicide%20Data%20of%20SCC%2011-8.pdf

Short, M. A., Gradisar, M., Lack, L. C., & Wright, H. R. (2013). The impact of sleep on adolescent depressed mood, alertness and academic performance. Journal of Adolescence, 36(6), 1025–1033. doi:10.1016/j.adolescence.2013.08.007

Sirois, F. M., & Tosti, N. (2012). Lost in the moment? An investigation of procrastination, mindfulness, and well-being. Journal of Rational-Emotive and Cognitive-Behavior Therapy, 30(4), 237–248.

Spitzer, R. L., Williams, J. B. W., & Kroenke, K. (n.d.). PATIENT HEALTH QUESTIONNAIRE-9 (PHQ-9). Patient Health Questionnaire (PHQ) Screeners. Retrieved from http://www.phqscreeners.com

Trivedi, M. H., Greer, T. L., Church, T. S., Carmody, T. J., Grannemann, B. D., Galper, D. I., . . . Blair, S. N. (2011). Exercise as an augmentation treatment for nonremitted major depressive disorder: a randomized, parallel dose comparison. Journal of Clinical Psychiatry, 72(5), 677–684. doi: 10.4088/JCP.10m06743

Wang, P. S., Beck, A. L., Berglund, P., McKenas, D. K., Pronk, N. P., Simon, G. E., & Kessler, R.C. (2004). Effects of major depression on moment -in-time work performance. The American Journal of Psychiatry, 161(10), 1885–1891.

Williamson, A. M., & Feyer, A. M. (2000). Moderate sleep deprivation produces impairments in cognitive and motor performance equivalent to legally prescribed levels of alcohol intoxication. Occupational and Environmental Medicine, 57(10), 649–655.